お金以前

土屋剛俊

日経BP

はじめに　お金について自分で考えられる力をつけることは、けっこう難しい

私は、長年金融の仕事をしていることもあって、プライベートでもお金や投資に関する相談をよく受けてきました。

そこで思うのは「わかりやすく説明することは、けっこう難しい」ということです。人それぞれ収入が違うのはもちろん、何にお金を使うか、ひいてはどんな人生を送りたいのかという価値観はまったく違います。

結局はみんなが根本的にお金のことをわかって、自分で判断できるようになるのがベストなのですが、その「根本的に説明する」ことが、けっこう難しいのです。何でもそうだと思うのですが「そもそも」を説明することは、力量のいることです。

私が相談を受けた中には金融機関の営業マンに勧められるがままに、大切なお金を必ずしも適切でない先に投資している人もいました。証券会社や銀行、あるいはネットの情報などは、それぞれの立場で自分達の利益が最大化されるような商品を「売ろ

う」としています。その立場からすれば当然の行動なので、一方的には責められませんが、それにしてもお金の知識さえあれば防げることも多いでしょう。

金融の世界には一流の投資銀行から非合法の闇金にいたるまで幅広い世界が広がっています。そんな中では、「大切なお金を将来や家族のために少しでも増やしたい」という気持ちにつけこまれたり、あるいは、金融知識のない人につけこんで稼ぎたいと思う人たちの餌食にされることもあります。それは本当に避けなければなりません。そういうときこそ信頼できるプロに相談したいのですが、プロの人達もまた、お客さんからもらう手数料で生活しています。場合によっては、本当にお客さんのためを思ったアドバイスはしたくてもできないということもよくあります。

このように、「お金に対してしがらみなく正しい情報を得る」ことはけっこう難しいのです。その上、やはり「根本的にお金のことを説明する」ということも難しいもので、専門家の私すらも、一体どこからどう説明したらいいのか悩むのですから、**お金のことを知らない人は二重に情報の罠にはめられているようなものです。**

私は長きにわたって金融の世界に身を置いてきました。つまり、お金のことばかり30年以上考えてきました。

海外でドル円の為替ディーラーの見習いから始めて、金利デリバティブなどを使った商品設計と販売、企業買収に関する与信の提供やその管理、調査部門でクレジットアナリストとして個社の分析や投資ストラテジーの作成、社債やローンのトレーディングなど、信用リスクに関わる仕事は一通り経験しました。業務内容を簡単にいうと、「この会社にお金を貸してもいいのか、この会社が倒産する可能性はどのくらいあるのか」をさまざまな状態から判断する仕事です。現在は独立して、クレジットに投資する運用会社の社長をしています。

また、実際に「お金」が時代を変化させてきた様子も目の前で見てきました。バブルも、その崩壊も、日本の金融危機も、ＩＴバブルも、リーマン・ショックも、東日本大震災後の混乱も、すべてその最前線にいました。

こうやって何十年もこの世界にいてはじめて、ようやく根本的な「そもそも」を少し説明できるようになったのではないかと思います。

お金についての情報は、ネットや本でさまざま出ています。

ただ、「これを買えばいい」「あれはやめた方がいい」という表面的な説明が多く、もし未来に変化があった場合、どうしたらいいかが分かるものは少ない印象です。

しかし、直近のこの円安傾向といい、お金の世界が動かないときはありません。「こうするのがいいって聞いたから」ということでは、実は嵐の中で船に乗っているのに、自分は安全だと思って小さな財布を握りしめているようなものです。

きっと、みなさんの中には、「NISAで何を買うの？」とか「どこに投資したらいいの？」などといった細かい質問よりも、「そんなことは調べられるから、むしろ根本的なことを教えてほしい」と思っている人もいるはずです。

私は長い間、大手金融機関のサラリーマンをしてきましたので、会社の利益にならないことをあえて世に出すのは控えてきましたが、独立開業するに至り、ようやく自由に説明ができる立場になりました。しがらみのない意見をお読みいただければと思います。

この本のゴールは、みなさんのお金のリテラシーを上げることに尽きます。本のタイトルは『お金以前』です。つまり、投資や、住宅ローンをはじめとした何かのローン、老後の貯金など、お金に関する行動をする前に（もちろん途中でも！）ぜひ読んでほしいと思っています。

本書では、株式投資にはどういう態度で接すればいいかや、NISAは国が税金をとらない分だけ確実に有利とか、住宅ローンの根本のことや、FXは最も当てるのが難しい、などといったことももちろん書いていますが、「そもそも資本主義を理解しよう」や「金本位制とは何か」「日本経済の低迷を知るにはまずバブルを理解する」などといったことも含んでいます。

本編でも書きましたが、私は、「お金を増やす」ことでいちばん大切なのは「一般常識を増やす」ことだと思っています。「これって絶対変だな」と気づけるようになるのがいちばんです。

また、お金の世界を知ることは大変楽しいことでもあります。アメリカや世界で起こったことが、私たちの生活とつながっているのです。本書を読んだあと、ニュースを見たら、きっとその裏側まで思いをはせることができるようになっているでしょう。お金のことを教養として知るのは楽しいと思います。

この本は、お金の楽しい知識を得て、いつの間にか自分の生活に関するお金の判断もできるようになるという一粒で二度おいしいお得な本を目指しています。

お金の「そもそも」をどう説明したらいいのか、と私がずっと考えてきた結果が本書です。

たとえば、第8章はお金の歴史の話です。「歴史なんて関係あるの？」などと思う方もいるかもしれません。しかし、お金のことを知るということは、とても広い知識と教養が必要なのです。

お金の初心者にとっては、この1冊でもかなりの知識と理解を得られると思いますが、この本をベースにして、もっともっとお金に興味を持っていただきたいと思います。皆様のお金に関するリテラシーが上がって、その結果皆様の生活や人生が少しでも豊かになるなら、それに勝る喜びはありません。

土屋剛俊

序章

お金のことを知るなら「資本主義」から

第1章 「お金」の本質を知っておく

第2章

証券会社、銀行、保険会社のセールスの話は聞かない方がいいのか

第3章

「お金を借りること」の本当の意味

第5章 外国に投資するとはどういうこと？

第6章 日本の経済は今どんな状態なのか

第7章 本当の「景気」を読む

第8章 歴史から学ぼう！

おまけ

第9章 相続について

序　章

お金のことを知るなら「資本主義」から

お金のルールとは何だろう

現代の資本主義社会では、お金はあたりまえにあるものです。

ところがあたりまえすぎて、いつもの生活の中で「そもそもお金ってなんだ？」というようなことはわざわざ考えないのではないでしょうか？

「そもそもお金ってなんだ？」と考えようと言われても、一体何を考えたらいいのかわからないかもしれません。そのくらい、私たちは生まれてからずっと、お金があたりまえの世界に生きています。

しかしそれは、ルールを知らずにカジノに行くようなものです。

カジノにそんな状態で行ったら、負けて損するに決まっています。ルールを確認しないでカジノに行く人はいません。

ところが、現代の資本主義社会ではお金はあたりまえなので、ルールを気にしない人も多いです。それはとてももったいない話です。

具体的にはどういうことでしょうか。ここで、お金のルールを勉強しないで、カジノに行くような人の例を考えてみましょう。

これは、大きな会社でバリバリ勤めあげた、見識のある人の例です。ある証券マンから「この株はとてもいい会社の株です。利益も多いし、みんなが欲しがる商品をつくっています。今買うときっと上がりますよ」などと言われました。話を聞いている限り、その証券マンも信頼がおけそうな人に見えます。「なるほど、じゃあ買おう」と買ってしまい、その後株価が下落して大損してしまいました。こんな例はよく聞きます。

これは何が原因でおきてしまったのでしょうか？

この例では、証券マンが値下がりする銘柄を勧めてしまったことが直接の原因ですが、いちばんの問題は**何よりも重要な「その株はいくらであるべきか」ということを自分で考えずに買うという判断をしてしまったことです。**

たとえば「このキャベツは最高においしいので買ってください」といわれたとします。最高においしいキャベツだと、ぜひとも買って食べたいところですが、もしそれが一玉10万円だったとしたらはたして買うでしょうか？

買いませんよね。じゃあ30円だったらどうでしょう。

それだと買いです。

では300円だったら？

買わない人もいたり、ちょっと考えてもいい、という人もいるというところでしょうか？　生産方法や産地、つくり手などを確認しなければ、という人もいるでしょう。

これら、おのおのの適正価格を決める作業はプライシングと呼ばれます。キャベツなら、みなさんこれくらいの精緻なプライシング（値決め）はごく一般的にしているでしょう。

つまり、プライシングとは買う対象の値段に対して、知識と自分の意見がちゃんと背景にあることをいいます。ここで重要なのは、300円のキャベツを買う人も買わない人もいるように、あなた自身のプライシングに、自分の価値観が反映されるべきだということです。

ところが株の話になると、言い値で買うというとんでもないことをする人が突然増えます。「とてもおいしいキャベツ」といわれて、値段を考えずに一玉10万円で買うようなものです。

すべてのお金の判断の根底はあなたの「プライシング」

このように、知識と自分の意見が背景にあるプライシングは、とても重要です。こんな値段でキャベツを買うお客さんを探すことは極めて困難です。しかし、株の世界では比較的簡単です。

それは金融リテラシーが低い人がいるからです。

実は金融リテラシーが低い理由のひとつに「投資というものはお金を増やすものだという思い込み」があります。どういうことでしょうか。

キャベツを買うときに値段に慎重になるのは、それが「確実にお金が減る行為」だからです。大事なお金を減らしてキャベツを買うのですから、むだ遣いはしたくありません。

ところが、投資というのはもちろん「今のお金をもっと増やそうとする行為」です。お金を増やすためにやっているのですから、キャベツを買ってお金が減るのとは違います。

いつもとガラリと違うことをするべきだと思っているのです。

しかし、キャベツを買えば必ずキャベツが手に入りますが、投資に失敗して値下がりした株を売れば、「お金が減っただけでなにも得るものがない」という状況に陥ります。

投資とは、お金が減るリスクがあるから、増えるチャンスがあるもの

投資とは「大事なお金が減るリスクの代償として、増えるチャンスも得る」という行為です。これを、そもそもの大前提として覚えておきましょう。

特に多いのが、定年退職して収入が激減し、将来が心配なので大事な退職金を増やさなければならない、だから投資しよう、という人です。もちろん将来が不安だから、

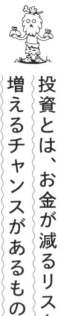

仕事をやめる前から投資をしようという人もいるでしょう。

そのとき、金融機関のアドバイスにそのまま従って投資してしまう人や、きちんと勉強せずに金融商品をネットなどで買ってしまう人もいます。

これだって、プライシングを考えると、なけなしの退職金を減らすなど絶対に許容できないはずです。しかし、ちゃんと勉強も努力もせずに、すすめられるままに投資をし、大切な大切なお金を大きく減らしてしまうという例がなくなりません。私もよく相談を受けますが、本当に残念なことです。

お金のしくみが理解できれば、働き方やどの政党に投票するかまで自分の行動が変わる

ここまでは株式投資という卑近な例です。

ほかにも、社会で生きていく上で重要なお金の知識はたくさんあります。

一生でいちばん高い買い物である不動産もそうですし、会社でどうやって働くのか、どういった政党に投票すべきか、年金、保険なども基本的にはお金のしくみを理解することにつながっています。

正しいお金の知識を身につけずに社会で生きていくことは、素手で戦争に行くようなものです。**戦術も考えずにそんなことをすれば、負けて殺されるに違いありません。**しかし、お金や金融知識は、学校や家庭ではきちんと習わないし、日本ではその習慣もないので、不十分なまま、社会に出ていく人が非常にたくさんいます。

そして悪いことに、そういう人達は真面目で、いい人達だったりするのです。ただお金のことを知らないばかりに、大切なお金を減らしてしまう、そんなパターンを私はよく見てきました。

いきなり「投資」してはいけない

本書はお金についての本です。**最終的に投資や資産運用について、みなさんがスラスラ考えられるようになるのがゴールです。**しかし、まずはその前に、投資の対象となる株式や債券や不動産、金や国など、すべての元になっている社会や経済のしくみから理解していきましょう。

世の中には「儲かる株の選び方」や「FX必勝法」などのコンテンツがあふれていて、それらには「何を買ったらいいか」「何をしたらいいか」はあっても、「そもそもなんでそれを買うべきか」「私はそれに対してどういう意見を持つべきか」まで深く理解できるものは少ないように思います。

冒頭でも述べた何より大事な「あなたがどうプライシングするか」まで深く踏み込めるものは少ないのです。

しかし、本質的なことを理解しておくことは、正しい投資をする上でとても重要です。

株式投資をするとしても、表面的なことだけ覚えて投資を始めてしまって、しかしその後国の経済が大きく変化して、大きなトレンドが変わっていることに気づかずに大損してしまうこともあります。

先の例では、あるべき株価というものを考慮せず投資するという(でも世の中でけっ

単純な株価の計算の方法

会社の儲けが　100万円
発行株数が　1万株

1株あたりの儲けは

100万円÷1万株＝100円

⇓

この15倍があるべき株価

⇓

つまり1500円

こう見られる）投資のパターンをあげましたが、もう少しだけ勉強した状態を考えてみましょう。

たとえば、「株の投資には目安があって、その会社の1年の利益の15倍くらいがよいのだ★1」ということは、基本としてよく学びます。これを覚えたとします。

上の図のような1株あたりの利益が100円の会社の場合、売られている株価が1300円なら、あるべき姿より200円安いことになります。この人は、買いという判断をするでしょう。これは「あるべき株価はいくらか」ということを考えているだけ、随分と進歩しています。

しかし、実はその国では深刻なインフ

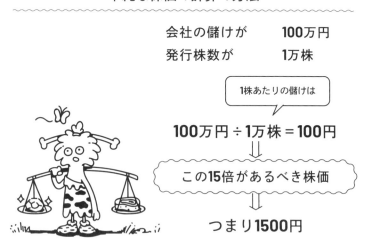

レが進行して金利が上昇していたとします。そうなると1500円どころか本来は1300円でも高いということもあります。ここで、あるべき株価が1500円だと思っていると、1300円でも安いと思って買ってしまうかもしれません。

これは、インフレが進行しているという世の中の大きな動きに気づいていないから起こる、判断ミスです。

こういうことも、お金のことを基礎から知らないがゆえに起きるのです。

もう少し例をあげましょう。

「昨日の株価から2割も下がったのでもう買ってもいいだろう」と判断することもよくあります。たとえば、先ほどの会社の株が何かの理由（画期的商品を開発したと投資家が思い込むなどで上がることはよくあります）で3000円まで上昇して、その後2割下落して2400円になったとします。昨日まで3000円だったものが、2400円になったのですから、割安に感じてしまいます。

しかし、あるべき株価は1500円なのですから、2400円だったとしても高すぎる状態ということになり、ここで買うのは愚の骨頂です。

「相対的な感覚で投資する」こともやめましょう。

「株式分割」もよくある例です。

株式分割とは、その名のとおり、1株をいくつかの株に分割することです。株価が高くなり過ぎて投資家が売買しにくくなってきたときなどに行われます。たとえば1株1億円になってしまったら買える人がぐっと減ってしまいますよね。

では、先ほどの会社が、株価が１５００円のときに1株を5株にする株式分割をしたとします。こうなると、1株の価値は当然5分の1の300円になります。1株持っていた人には新しい5株と交換されるので、価値は同じです。でも昨日まで１５００円だったものが300円になると、詳しい事情を知らない人から見れば、すごくお買い得になった気がして、株が買われ、値上がりすることもよくあるのです。★2

株の投資の目安

1. この倍率は金利によって変わります。金利が高くなると下がり、金利が低くなると上がる性質があります。

株式分割

2. 1株を100株にするなどの極端な株式分割をした例としてはホリエモンのライブドアなどが有名です。

お金を考える次のキーワード「世の中の流れ」

ここまで、株のプライシングだけをとっても、判断すべきポイントがさまざまにあることを見てきました。ちなみに本書を執筆している2022年時点では、アメリカのインフレが加速して株価が下落しています。

これまでずっと世界中では物価が安定もしくは下落していました。そんな世界から、まさに2022年を契機に大きく変わってきています。

にもかかわらず、「アメリカの株価がここ数カ月で3割も下がったから買いだ」と思ったとします。もちろん、世の中が大きく変わらなければ株価が3割も下がったら確かに買いかもしれません。しかし、世の中が大きく変わっている場合は、そんなことがないことはもうおわかりでしょう。

ここで、第2のキーワード、「世の中の流れ」が出てきます。世の中の流れも、第1のキーワードであるプライシングができるようになるための重要な要素です。

お金がわかれば、世の中のニュースの「本音」が見える

お金の基本を勉強しておくと投資に役立ちます。それだけではなく、世の中で起きていることも理解しやすくなります。

毎日いろいろなニュースが飛び交っていますが、ほとんどのニュースはお金で説明できます。むしろ、お金から見た方が、世界がクリアになります。そこには事象の本音が見えるでしょう。

ウクライナ戦争もお金がからむ部分が非常に多くあります。

戦争はお金がなければできませんし、サミットやG20などと言っても、基本的にお金の話をしています。

そしてなにより、そういうことが理解できるようになるとテレビや新聞のニュースひとつ見るのも楽しくなるのです。

「巨大な搾取システム」である資本主義をまず理解する

では、そろそろ具体的な話を始めましょう。

現代社会で、お金を理解するために避けて通れないのが、資本主義です。

実は資本主義とは「格差をベースとした巨大な搾取システム」でもあります。

そういったシステムのからくり、裏舞台を理解することは自分を守るために極めて重要です。

本書では、いろいろな角度からお金を説明していきます。まずは巨大な搾取システムでもある資本主義のしくみについてお話しします。

資本主義の大前提「お金さえあれば何でも買える」はどこからきたのか

資本主義の説明をする前に、現在のお金に対する価値観がどうやってうまれてきたのか、歴史的な経緯を振り返ってみましょう。

現代社会に生きていると「お金はとても大事で、お金さえあれば大抵のものは買える」というのは、あたりまえの価値観です。

お金がないと路頭に迷います。またお金をたくさん持っている人が人生の勝者だと言われることもあります。「命の次に大事なお金を……」などというフレーズはいろいろなドラマや映画でよく使われますし、見ている方も違和感なく受け入れています。

でも、この価値観は昔からあったわけでは決してなく、結構最近のことなのです。

昔はお金があったからといって何でも買えるわけではなかった

一体、こういった価値観はどこから来たのでしょうか。

誤解を恐れずにいうなら、現在のお金に対する価値観は「2600年もの間、ユダヤ人が迫害されていた」ことが影響していると私は考えています。

実は人類にとっては歴史上の長い間、洋の東西を問わず、「お金を扱う」ことは基本的に卑しいことでした。尊いものは武士道だったり、政治だったり、学問だったりという価値観の方が長かったのです。

それは今の日本でも残っています。「お金、お金、って言わないの」とか「あの人、株なんかやってる」ということもたまに聞きますよね。

そもそも歴史上、ヨーロッパでも日本でも、最近までだれでもお金さえ払えば何でも持てるなどということはありませんでした。「お金で何でも買える」なんてフランス革命前では、考えもつかない価値観です。日本の江戸時代もそうです。

ユダヤ人は非常に長い間、ヨーロッパで差別を受けてきました。あまりに長い間差別を受けてきたことから、ユダヤ人同士でのネットワークを構築して、仲良くしてお互い助け合う必要がありました。**また、ユダヤ教がお金を儲けるということに対して寛容な宗教だったということも重要なポイントです。**

ユダヤ人の不幸の歴史はとても長く、最初は紀元前6世紀頃のバビロン捕囚あたりからになります。実はこのあとしばらくは平和になるので、正確にはローマ帝国がエルサレムを陥落させてから本格的な不幸が始まります。そこから計算しても2000年以上前です。この時点ですでに住む国がなくなってしまいました。

時代が下っても、いつまでたってもヨーロッパはユダヤ人の安住の地にはなりませんでした。ホロコースト以外にも、ユダヤ人の不幸をあげたらきりがありません。イエスキリストを処刑した人達だとされたことも不幸を助長しました。

また、ユダヤ人には土地の所有権が認められていなかったということもあり、金貸しや貿易業に従事せざるを得ませんでした。

そのため、信頼できるものはお金しかなく、**それをどうやって守るのかということが致命的に重要になったのです。**

いつ何時迫害されるかも知れず、そうなったときに安全に自分のお金を守る方法を考えておかないと、死活問題になりました。

この点については、日本も戦国時代などがありましたが、日本人同士の争いであり、日本民族そのものの存亡の危機というものは想像する必要はなかったわけです。

また、キリスト教が利子を取って人にお金を貸すことを禁止していたことも、ユダヤ人が金融の分野で成功を収めた背景のひとつです。つまり競争相手がいませんでした。

金貸しとして大成功するユダヤ人もいました。

それがまた迫害の理由にもなります。「あいつは金貸しなどという下品な仕事で大金持ちになりやがって」という雰囲気でしょうか。

有価証券や、株式会社、為替などの金融技術が発達したのは、ユダヤ人たちが生き残っていくために必死にやってきたからという面も影響しているといえるでしょう。

ユダヤ人は、何十世紀もずっと迫害され続けてきた

金貸しとしてのユダヤ人がヨーロッパで軽蔑されていた様子がわかる作品として有名なのが、16世紀の終わりにシェイクスピアが書いた『ヴェニスの商人』です。

これは、アントーニオという男がある事情で緊急にお金が必要になる話です。

そのとき、アントーニオの財産は、航海中の船にあるので使えませんでした。船が戻ってくれば確実にお金を返せるアントーニオは、ユダヤ人で高利貸しのシャイロックに金を借りに行きます。

このユダヤ人のシャイロックはとても嫌な奴として描かれます。そして、「期日に借りた金を返すことができなければ、お前の肉1ポンドを俺によこせ」という条件を提示します。

大変怖い条件ですが、アントーニオは急いでおり、返すあてもあるので、その条件を飲みます。★3
しかしその後、アントーニオの財産を積んだ船が難破したとの報が伝わります。シャイロックは、前からアントーニオが嫌いでした。ここぞとばかりに喜びます。お金は友人が工面するのですが、シャイロックは「肉を切り取って返せ」の一点張り。裁判になり、裁判官は許してやれと促しますが、シャイロックは譲りません。

仕方ないので裁判官は肉を切り取ってもよいという判決を下しますが、ここで、「血を一滴でも出したら財産没収。契約書に書いてないのだから」という条件をつけました。そういわれたシャイロックは、それは無理だと金を返してもらおうとしますが、一度拒否したので、それは許されません。さらにアントーニオに対する殺人未遂でなんと死刑に処されることになります。

そこでユダヤ教を捨てて、キリスト教に改宗したら刑を免除してやるといわれ、キリスト教に改宗してようやく処刑を免れます。
こう見ると、当時のイギリス人が、どれほどユダヤ人の高利貸しを嫌っていたかがうかがい知れます。

アントーニオの飲んだ条件

3. ちなみに現代の日本であれば、こういう条件は公序良俗に反するため、無効になります。(民法第90条)

アメリカにはユダヤ人も流れ込んできた

それでも、実はイギリスのユダヤ人嫌いはまだよい方でした。金融の歴史の中で、最初に発展したのは大航海時代のイギリスやオランダです。これは、イギリスとオランダが比較的ユダヤ人に対して寛容だったからです。

経済の発展にとって、市場というものは重大な役目をはたしてきましたが、**そのすごさとは、なんでもお金に換えておけば、必要なときにいつでもものに変えることができるというところです。**いくらお金を持っていても、それで必要なときに必要なものが買えなければ意味がありません。市場が発達していればいつでもほしいものが買えるわけですから、ユダヤ人も安心してお金を溜めることに邁進できたわけです。

それはユダヤ人が生きていく上で極めて重要な要素でした。

お金がとても大事、命綱であるという価値観は、迫害されてお金に拠り所を求めざるをえなかったユダヤ人の考えが強く影響したと私は思います。

ではなぜユダヤ人の価値観が世界を席巻するようになったのでしょうか。

いちばんのポイントはアメリカの存在です。

アメリカといえば、自由の国といわれます。

なぜそうかというと、最初はヨーロッパにいられなくなった人達が、ある意味しかたなく未開の地を訪れたからです。

アメリカを目指したヨーロッパ人たちには、一攫千金《いっかくせんきん》を目指すヨーロッパの白人の低所得者層や家督を継げなかった子供が大勢いました。あるいは、飢饉《ききん》で食べるものがなくなったアイルランド人などです。そして、もちろんここにはユダヤ人も含まれます。

ユダヤ人にとって、アメリカとは「これまでのようには迫害されない国」を意味しました。

つまり殺されたり、自分のお金を略奪されたりする心配がはるかに少ない環境だったのです。

こうして金融の経験が豊富で、ネットワークもあるユダヤ人はアメリカで活躍します。

今、世界を代表するアメリカの金融機関であるゴールドマン・サックスも、ソロモン・ブラザーズも、リーマン・ブラザーズも、ロスチャイルドもユダヤ系の名前です。

お金の価値観は時代によって違う

ユダヤ人は、２６００年もの間、世界中から迫害されつづけましたが、ついにアメリカに安住の地を見つけました[★4]。

経済学の世界でもユダヤ人のプレゼンスは絶大です。

私も金融の分野にずっといますが、日本はアメリカにかなわないというイメージがあります。

大手の金融機関もゴールドマン・サックスやモルガン・スタンレーには到底勝てないという印象があります。たとえば、野村證券の時価総額は1.6兆円、ゴールドマン・サックスは15・7兆円、モルガン・スタンレーは19・4兆円と、企業価値の面からみても10倍から12倍と圧倒的に引き離されています。みずほ銀行は4.6兆円、ＪＰモルガン・チェース銀行は51兆円です。

これは日本人がアメリカ人に比べて劣っているからではなく、お金や金融に対する根性が、ある意味ずっと平和だった日本人とはくらべものにならないからだと思っています。

その意味では、私は日本人が金融でユダヤ系アメリカ人に勝てなくても恥じることはないと思います。

いろいろと説明をしてきましたが、今ではあたりまえのようになっている「大切なのはお金だ。金さえあれば何でも買える」というような価値観は人類の歴史の中では、実はマイナーで短い期間、かつ、つい最近のものなのです。

ですので、200年後の世界は、お金に関する価値観も今とはまったく別のものになっている可能性は大きいでしょう。それだって人類の長い歴史においてはほんのちょっとの時間です。

ユダヤ人にとって安住の地

4. 厳密な意味では必ずしも安住の地とはいえませんが、相対的にはそういってよいかと思います。

株式会社の発明は「人間の欲望を刺激した」ところ

ここまで、現在の拝金主義ともいえる価値観が醸成されるに至ったプロセスを説明してきましたが、つぎに資本主義を加速させた発明、「株式会社」について説明します。**人類の歴史で、経済を大きく発展させたのは、株式会社の発明です。**

そもそも会社とは何なのでしょうか。

長い歴史の中で契約の相手になったり、ものを所有することができるのは基本的に人間だけでした。売ったり買ったり約束する相手は人間です。同様に、ものが契約の相手になることもありません。犬や猫やものは人間の言葉を話せませんので、契約を成立させようがありません。

では「会社」との契約や所有はどうでしょうか？

会社には同じ場で大勢の人が働いているわけですが、会社そのものが生きているわけでも、言葉を話すわけでも、意思があるわけでもありません。

しかし、今の社会では「会社は契約の相手にもなるし、ものを所有することもお金を借りることもできる」とされています。こう聞くと、あたかも人間のようです。

会社のことを「法人」と言いますが、これは法律的に人間と同じようなことができる、という意味です。

このように会社は概念のようなものですが、その会社が事業をする上で必要なお金を集める際の形式のひとつが「株式会社」です。株式会社とは、会社がお金を集めるときに投資家に株券というものを渡す方法をとっている会社のことです。

実はこの「必要なお金を集める方法として株券を渡す」というアイデアは、実に画期的なものでした。どこが画期的なのでしょうか。

それは「お金を稼いで、他の人よりも豊かになりたい、差をつけたい」という人間の欲望を満たす効率的なしくみだというところです。しかも、世界中、あらゆる立場の人全員の気持ちを満たします。

株式会社第一号は17世紀前半の東インド会社です。東インド会社とは、ヨーロッパの各国がインドや東アジアに行き、貿易や植民地支配をするためにつくった会社です。この貿易で得られた香辛料やお茶は莫大な富をもたらしました。

しかし、当時の船で、ヨーロッパから東アジアに行くのは大変なことでした。航海が危険なのはもちろんですが、お金もかかります。失敗するリスクも大きいのです。

お金持ちが船を買い、人を雇ってアジアに行かせればいいのでしょうが、経営センスのある人を雇わなければ失敗します。また、お金持ちにとっても金銭的な負担を全額負うのは厳しいものがありました。

それを解決すべく生まれたのが、株式会社というシステムなのです。 株式会社のすごいところは、会社を所有する人と経営する人を分けたところです。

それまでの事業は、やりたい人が手持ちのお金を使うか、借金をしてお金を工面して始めるしかありませんでした。経営をし、リスクをとり、儲けも得るが失敗したら一文無しです。

その上このパターンでは、お金を持っている人、もしくはお金を貸してもらえる人で、なおかつ経営センスも同時に持っている人でないと成立しません。

株式会社は、これらの問題を解決しました。

つまり、「経営能力はあるがお金はない人」が会社をつくって、金持ちに出資してもらうことができるようになったのです。

会社は株主のものですので、会社に利益が出れば株主は利益を配当してもらえます。[*5] 株主は株主総会で投票する権利を持ちます。そうすれば、会社の方針を決めたり、気に入らない役員を首にしたりすることもできます。

さらに株式会社のすごいところは、株主は出資したお金以上の責任は負わない、という約束になっていることです。

たとえば会社が何かの裁判で負けて1兆円払えと言われても、オーナーである株主は自分が出資した以上にお金を払う必要はありません。また、会社がお金を借りて返せなくなっても私財をなげうって返す必要もありません。

株の利益の配当

5. 儲けのなかからいくら配当するかは企業が決め、株主総会で株主が承認します。

株式会社の発明により「働くことで、強烈な利益が発生」するようになった

このように株式会社にすれば、出資した人は航海に出て死ぬこともないし、商売がうまくいけばたっぷりの儲けを配当してもらえます。

もちろんマイナスがないわけではなく、すべてを自分でやって儲かったときよりは分け前が少なくなります。稼いでくれた経営者や従業員には、相応の対価を払う必要があるからです。でないとやってくれませんよね。

かくして、株式会社の発明により、やる気のある人が、元手がなくてもビジネスをするチャンスを得られたのです。東インド会社の例でいうと、お金持ちは自分のお金をリスクにさらし、雇われた人は実際に海に出て行って、自分の命をリスクにさらすわけです。

こうして、無事に仕事がうまくいけば、株主はたっぷり儲かった利益を分配されま

株主と株式会社の関係

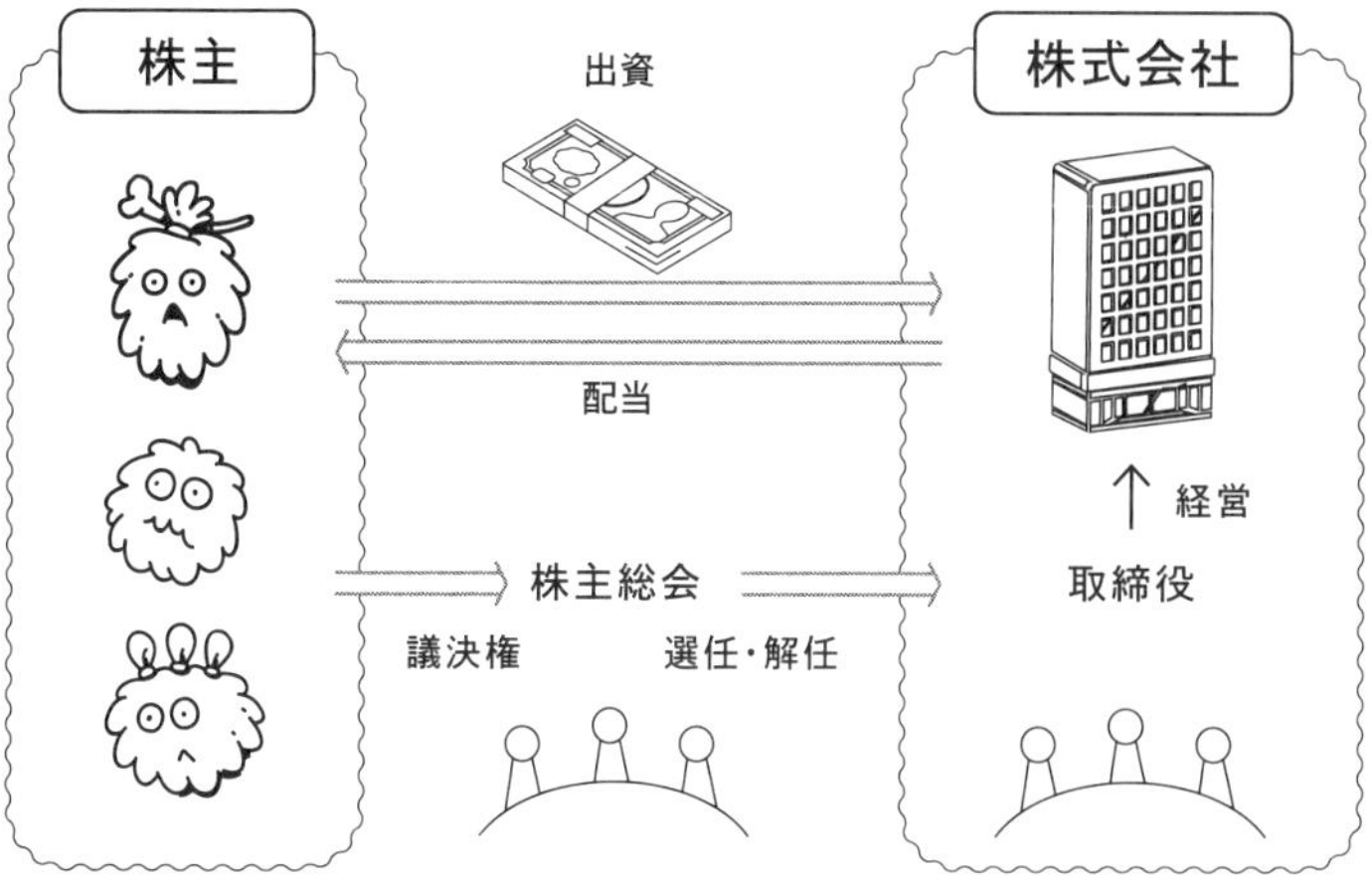

す。

また、命がけで香辛料などを買ってきた人も分け前がもらえます。現場が頑張ってお金を稼ぐと、経営者も株主も、その分お金持ちになれるわけです。

これは極めて重要なポイントです。**頑張って稼ぐことにとても強い、焼けつくようなインセンティブが発生するのです。**

もし、これが社会主義国家で、国の判断で「国家プロジェクトとしてやろう」と決めたとします。

この場合、どんなに頑張って命がけで稼いでも、お給料は国から支給される額のみです。まじめにやっても、適当にやっても、同じ額が支給されるとしたら頑張るわけはありません。

そうなってしまうと、国としては不真面目な人を逮捕したり、処刑するなどの手段にでるかもしれません。そうなると殺されたくないからイヤイヤやるという状態になり、やはり経済は発展しません。

「生産性を高めると他と差がつく」現象が起きた

株式会社のすごいところは、生産性を高めるためのインセンティブが生まれたというところです。

お役所の場合、生産性を高めても働く人の給料は上がりません。それどころか下手に業務改善すると「よけいなことはするな」と不本意なところに異動させられてしまうかもしれませんし、給料も変わらないのに仕事が忙しくなるかもしれません。

一方、株式会社であれば生産性を高めると、関係者はどんどんお金持ちになれます。**大事なポイントは「自分がお金持ちになって、他の人よりも豊かになる」というところです。**

ここで、「お金があるとより幸せだ」という価値観が生まれます。

もうひとつ、覚えておいてほしいのは、株主と、お金を貸す人の違いです。

株式会社を起こしたあとも、ビジネスを拡大しようとすると資金は必要です（株式会社は、設立と同時に借金することは難しいので、設立の瞬間は株主による出資のみと考えてOK)。

このとき、返済しなくていい株式だけで調達できればもちろんよいです。しかし、株は出資する人にとっては返ってこないというリスクも高いため、株だけで必要な資金をすべて調達するのは簡単ではありません。

たとえば、貿易を拡大するために、新しい船が3隻必要だとします。1隻10億円だとして、合計で30億円が必要になりました。

しかし、このとき株と引き換えに集まったお金が10億円だとすると、買えるのはたった一隻。あとの20億円はしかたがないので借金します。

先ほど、株主は、会社が儲かったらそこから利益を配当されると言いました。

一方、金を貸している人は儲かっても儲からなくても、それに関係なく決まった金利をもらうだけです。金利をもらうだけですが、倒産したときにいちばん強いのは貸した人です。

株式会社は倒産すると、まず残っている会社の資産を全部売り払います。そうやって得たお金を、先にお金を貸してくれた人に返します。そして借りたお金を全部返し終わって、それでもお金が残ったら、やっと株主がお金をもらえます（民事再生や会社更生の場合は異なります。なお、従業員への給与は先取りの特権が認められているので、そちらは株主よりも先です。また、取引先への支払いと無担保の借金は同順位で払うことになっています）。

先の例の会社が倒産したと考えてみましょう。

倒産したときに船が3隻残っていたとします。

競売にかけて売り払ったら、3隻で20億円だったとします。借りたお金は20億円だったので、このときの売却代金はすべて金を貸してくれた人の返済にあてることになり、株主は1円ももらえません。株主は、自分が払ったお金は全額返ってきませんが、それ以上取られることはありません。

つまり、倒産したときは、金を貸している人の方が明らかに優遇されるのです。この権利があるので、金を貸す人は金利をもらうだけに甘んじているのです。

事業が失敗した場合、「お金を貸した人」は先に返してもらえるが、株主はあと回し

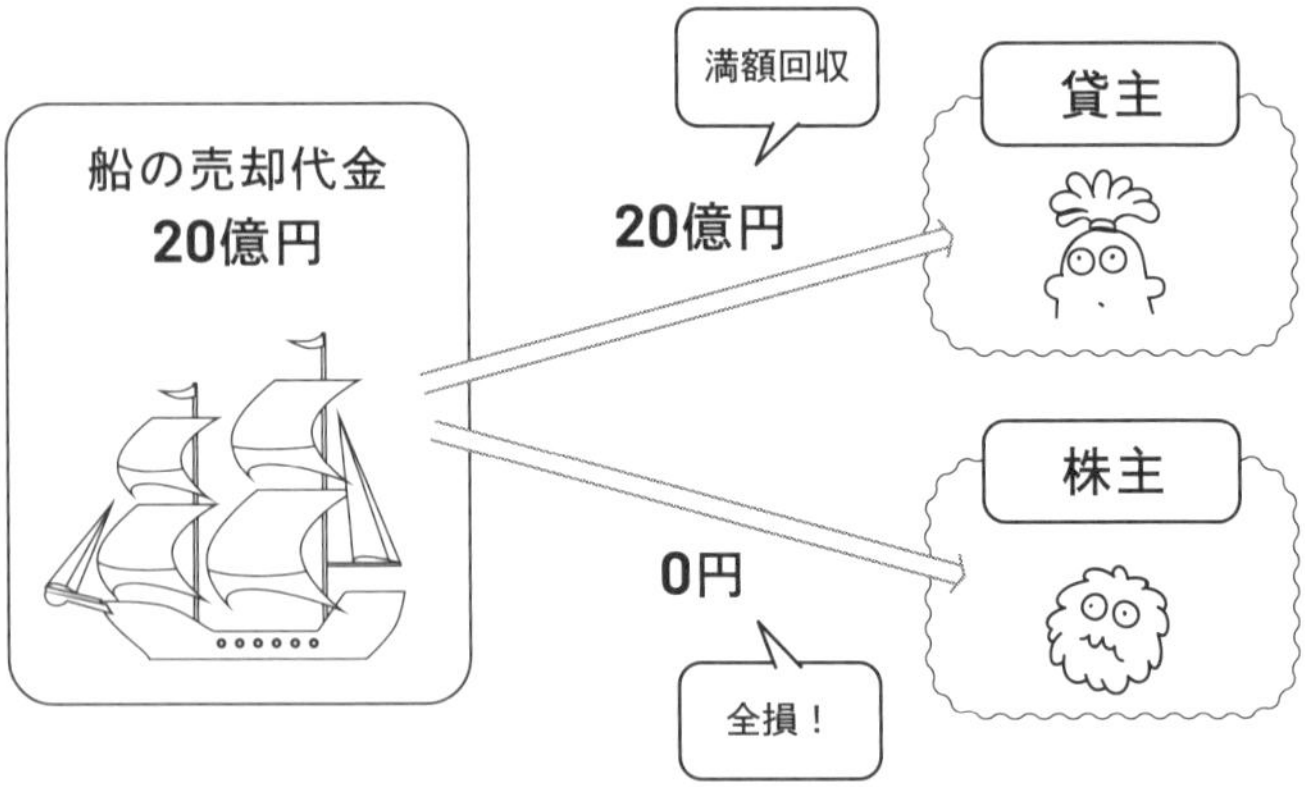

売却代金が**10**億円なら貸主は半分損、株主は全損。
25億円なら貸主は満額回収、株主は半分損。

「株式会社」が格差を拡大させてしまった

株式会社の従業員の立場についても考えましょう。

株主は会社が儲かれば儲かるほど配当が増えます。また、上場すれば株式の売買が自由にできるようになり、株を買う投資家の数が一気に増えるため、基本的に株価は上昇します。[*6] 会社経営者にとっても、業績の向上は自分の報酬の上昇につながるので嬉しいことです。

ところが、会社にとって従業員とはコストでしかありません。仕入れの材料費のようなものです。

つまり構造として従業員の給料は、低ければ低いほど会社の利益は上がるわけです。

また、「たくさん働いて他の人よりも豊かになろう」という株式会社の大前提もあります。**経済の発展と貧富の差の拡大は、切り離せないセットとなっているのです。**

こうなると、強いものがより強くなり、弱いものはより弱くなるという状況になっていくのは目に見えるでしょう。

世界の経済を飛躍的に発展させたのは株式会社ですが、だからこそ、格差も思い切り拡大させてしまいました。

つまり、現代資本主義社会では、結果として格差が出ます。「全員が等しく平等に豊かになる」ということはしくみとしてないのです。したがって、残念ながら資本主義社会にいる私たちは、搾取する、されるについて意識的に向きあっていかなければいけません。

もちろん、搾取したり、されたりなんて、そんなことはくだらないと思うでしょう。ただ、現実に、このような歴史の上に私たちの生活はある、ということをぜひ覚えていてください。

それでは次章より、お金の正体について考えていきましょう。

株価は上場すると上がる

6. 上場すると絶対に上がるというわけではないのですが、上場したときの値段は、上場したあとに値上がりするように価格設定することが多いこともあって、値上がりすることが多いようです。

第1章

「お金」の本質を知っておく

お札そのものには紙切れとしての価値しかない

大切なお金ですが、お金は基本的に紙です。そのものの価値はほとんどありません。紙としての価値はＡ４のコピー用紙1枚で1円くらいです。コピー用紙やノートの紙なら白紙なので字や絵を書けますが、お札ではメモ帳の代わりにすらなりません。

でもその紙切れは、フェラーリでもダイヤモンドでもマンションとでも交換してもらえます。まさに魔法の紙切れです。

これってどういうことなのでしょうか。

お金の基本的な機能

お金の役割の定義をおさらいしてみましょう。
お金は基本的に、

1. 交換機能
2. 価値保存機能
3. 価値尺度機能

の3つの機能があると言われています。

1. 交換機能

お金が発明されるまでは、ものを交換する場合は物々交換しかありませんでした。

これはとても不便です。

自分の畑で取れたトマトを肉と交換したいと思っても、肉を持っている相手がちょうど同じことを考えていないと交換できませんし、量についてもお互いが納得できるという保証はありません。

しかし、一旦お金に換えておけば、欲しいものと交換することが飛躍的に行いやすくなります。

2. 価値保存機能

次に価値の保存機能です。たとえば、トマトがあまったとします。このトマトの価値をとっておきたいわけですが、トマトは放っておくと腐るので、価値を保てません。

しかし、あまったトマトを売って一度お金に換えておけば、お金は腐らないので価値を保存することができるわけです。

この「あまった分」のことを「余剰」と言います。

「余剰」は、経済の発展や貧富の格差の発生に致命的に重要になるので、頭の片隅に入れておいてください。

3．価値尺度機能

価値尺度機能は、非常に便利なお金の機能です。

お金で○○円、と表示することで、そのものの価値を相対的に表すことができます。

先の例では「トマト1個100円」「牛肉100グラム1000円」と言った具合です。ものの交換が非常に楽になります。

お金の本質は「信用」である

ここまでで、お金がとても便利な存在であることはわかりました。

では冒頭の「そのもの自体にはほとんど価値がない紙切れに、どうして価値があるのか」という点に戻りましょう。

その答えは「信用」です。これは知っている人も多いかもしれません。

つまり、「この紙を持っていれば価値のあるものと替えられるとみんなが思っている」ことでお金は成り立っています。ある意味、幻想みたいなものです。

したがってお金を発行する側、つまり国にとっては、この信用をいかに確保するかがとても重要になります。

お金は、最初はほとんどが金貨でした。

金《きん》はそのものに価値があるため、紙切れよりははるかに信用ができます。金にしておけば、使う側にとっても「この紙幣は信用できるのか、これを発行している機関（国）は大丈夫なのか」などという面倒くさいことを考えなくてすみます。だから最初のころはお金といえば金でつくったコインだったのです。

紙切れに信用を持たせるために金本位制が生まれる

金でつくったコインは大変便利でしたが、経済が発展するにつれて、コインの量が増えてくると、金の供給は需要に追いつかなくなります。禁止しても海外に流出してしまうこともありました。

そこで材料の確保に困らない紙のお金が登場します。もちろん、紙には金の価値はないので、国は国民に「この紙切れには十分な価値がある」と信じさせる必要が出てきます。

それは決して簡単なことではありません。

たとえばみなさんが自宅のプリンターで「自分ドル」を刷っても、間違いなく誰も相手にしてくれないでしょう。

紙のお金に信用力を持たせる方法のひとつが「金本位制」です。

金本位制とは「この紙切れを持ってきたら、いつでも一定の量の金と取り換えます」と国が約束することです。これにより、紙に何か印刷してあるだけの紙幣の価値を信じてもらえるようになります。そうすることで、その国の紙切れはお金としての価値が認められます。

ここで、「でもコインは物理的に金が足りないから紙幣ができたんだよね。全部を金に交換するなら同じだけの金を持っていないといけないので、結局持っている金の分しか紙幣を発行できないのでは？」と思う人がいるかもしれません。

それは違います。

これは「この紙を持っていけばこの国では金に交換してもらえる。だからこの紙には価値があると思うこと」が大事であって、発行したすべての紙幣の分の金を持っている必要はありません。「この国は金を本当に持っていそう」と思われることが大切なのです。

1800年代など、紙のお金になる前の世界では、金本位制を導入することこそ先進国の証、と思われていました。明治時代の日本も世界の先進国としてやっていくため、金本位制にするのが悲願でした。日本では1871年に導入されましたが、国内の金を安定して確保することができず、本格的に採用されたのが1897年です。

一方、第二次世界大戦後のアメリカには国力があり、アメリカは金本位制を採用していました。アメリカ政府が「いつでも金に交換する」と約束していたため、アメリカドルは世界中から信頼されたのです。

金本位制が「アメリカドルという紙切れには確たる価値がある」と世界中が信じるのに貢献したのです。そしてドルは貿易などに広く利用され、いわゆる基軸通貨の地位を獲得していきました。

金本位制での問題は、「本当にこんな紙切れをちゃんと政府が金に替えてくれるのか」という心配がでてくるところです。

金本位制を維持しようとしたら、政府はもちろんある程度信用を維持するに足るだけの金を保有していなければなりません。また、そのとき国が持つお金の総量が、金の量で制限されてしまうなどの問題も生まれます。

これらさまざまな問題があって、アメリカですら金本位制を維持できなくなってしまいました。そして、１９７１年に金本位制を停止すると発表します。

もちろん、世界は大混乱になりました。

しかし、米ドルは金と交換はしてもらえなくなりましたが、アメリカという国の強さが十分に認められていたこともあり、米ドルという紙はそのまま広くお金として信用されることになりました。**こうして国に対する信用さえ十分であれば、「いつでも金と交換します」と約束しなくても紙切れの信用が保たれる世界となったのです。**

日本ではお札が紙切れになったことがある

同じことの繰り返しになりますが、お金は基本的に紙切れであり、今は金との交換を約束されているものでもありません。

「たぶん大丈夫なんじゃないかな」という非常に曖昧で危ないバランスの上になりたっているものです。

きっとみなさんは、生まれたときから安定した日本円の世界に生きているでしょう。

だからそんなことを言われても実感がわかないかもしれません。

しかし、「これって紙切れになってしまうのでは？」とみんなが思い始めたら、本当に紙切れになってしまうということはきちんと知っておきましょう。

実際にジンバブエでは、経済を担っていた白人を追い出したために経済が破綻してしまいました。財政が悪化し、政府がお金を刷りすぎたために、とんでもないインフレを招き、お金はまさに紙切れになってしまいました。なんと、２００８年のインフレ率は年率220万％といわれています。

そんなことは一部の途上国で起きる話だと思うかもしれません。

しかし、戦後の日本でも新円切り替えが行われ、お金が紙切れになるという事態も発生しています。

新円切り替えとは、新しいお札にするから、それまで使っていたお札はもう使えない、というものです。そのとき市民が戦前に持っていた現金は、ほぼ無価値になりました。

1946年の日本の様子

新円切り替えで
銀行に殺到する人々

当時の日本

上　写真：毎日新聞社／アフロ
下　写真：AP／アフロ

お金を発行する国の実情をわかってないと すべてを失うことになる

このように、人生をかけてため込んできた大切なお金が、本当の紙切れにならないかは、よく監視しておく必要があります。そうしないとある日突然全財産を失うことになりかねません。

これから日本という国の円という紙切れが価値を維持し続けられるのか、もしだめならどの国の紙切れならいいのかということも、真剣に考えなければなりません。「僕はどの国の紙切れも信用できない。だから財産は全部金《きん》にする」という人だっているのです。

日本円という紙切れは長い間価値を保ってきたので、この信用はいつまでも続くと思っているかもしれません。

しかし、冷静に判断するすべを身につけておくことは、自分の人生を守るうえで、非常に大切なことです。さまざまな苦労をして、円という紙切れを増やしたとしても、そのものの価値が失われてしまえば意味がないのです。

お金の強敵、インフレーション

ここまで、お金の価値を支えているのは「発行している国の信用」だという話をしてきました。

それ以外にもお金にとって強敵がいます。

それはインフレ、つまり物価の上昇です。 これもお金の価値を下げてしまう曲者です。実にややこしい存在です。

その国の信用はあるが、物価が高くなったためにお金の価値が下がることも起こりえます。日本はここ20年以上、まったく物価が上がらないという、歴史的には珍しい時期を過ごしました。そのため、日本の大人の大半は物価上昇の心配をほとんどしていないでしょう。

日本だけではなく、世界的にも物価は長く安定していました。それどころか物価が下がるデフレ状態でした。

デフレは、お金を持っている側からすると大変ありがたい話です。

デフレが続くと、ものの値段が上がらない代わりに給料も上がらず、景気によくないという面もありますが、ここでは経済全体の話はおいておきます。

たとえば今、あなたが1万円を持っているとします。そしてパンがひとつ100円だとします。この場合、持っているお金でパンを100個買うことができます。

しかし、デフレになり、パンが90円に値下がりしたとします。するとパンは下図のように111個買えるようになります。

これは、持っていたお金が1万110

10%のデフレだと、同じ値段なのにパンを多く買える

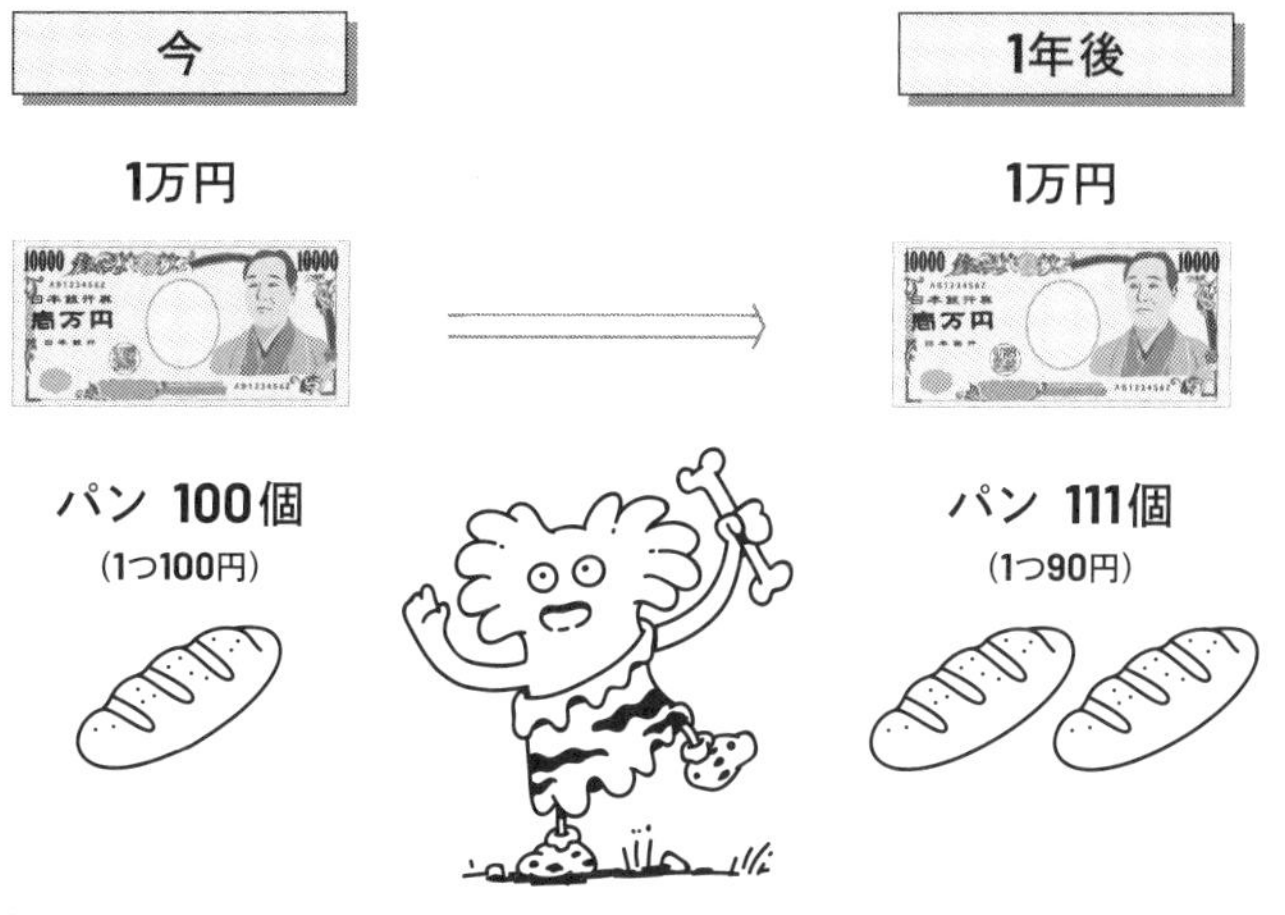

0円に増えたのと同じです。**何もしてないのに勝手にお金が増えているといってもよいでしょう。**

問題は、インフレです。

今度はインフレでパンがひとつ110円に値上がりしたとします。そうするとパンは90個しか買えません。

これはパンの値段は変わりませんが、1万円というお金が９０９０円に減ったのと同じです。

何もしてないのに勝手にお金が減っている状態といえます。

お金を考える上で忘れてはいけない要素に、インフレにならび金利もあります。

10％のインフレだと買えるパンが減る

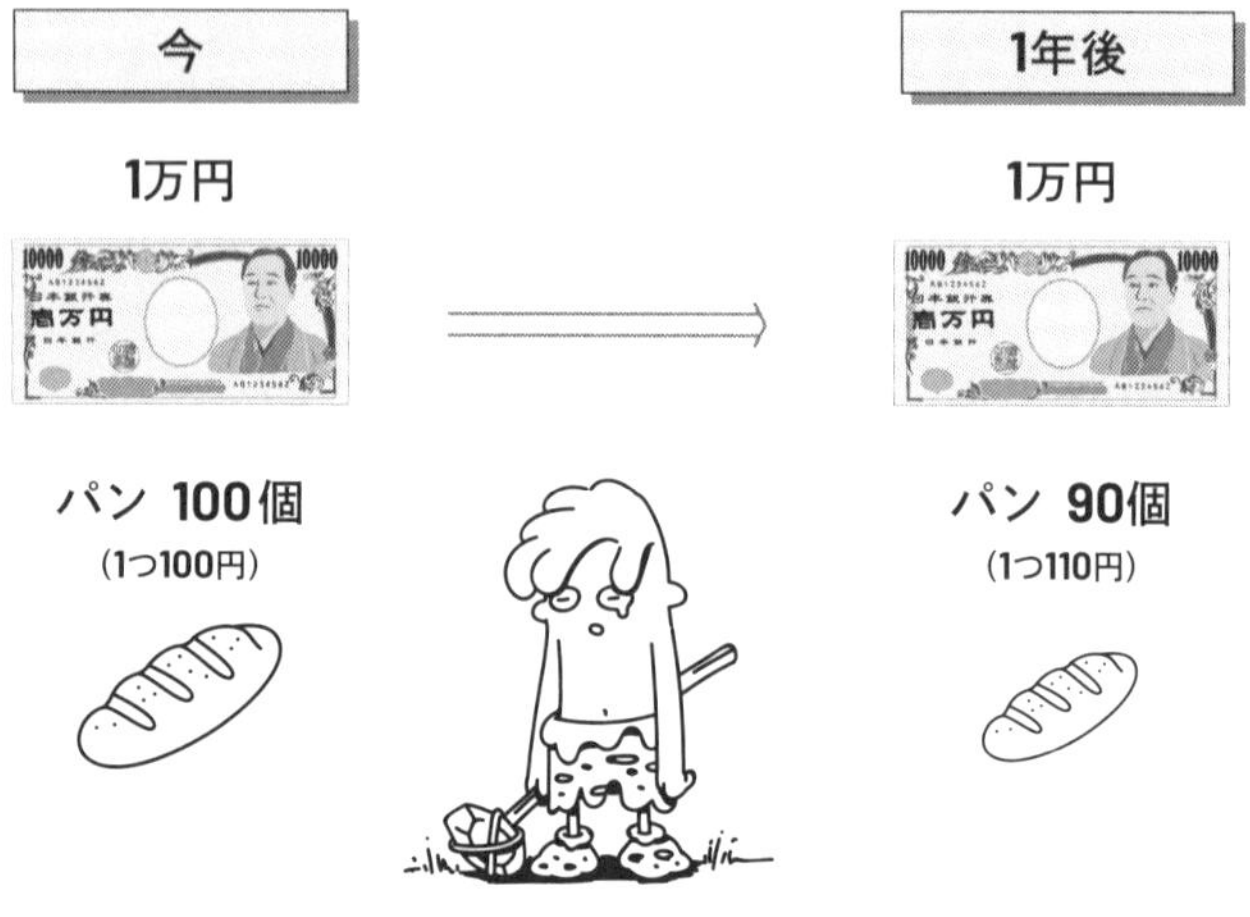

ここで金利のことを考えてみましょう。銀行に預けておいたお金に利子が1年で10％ついたとします。1万円を預けたとすると、1年後には合計で1万1000円になります。

その場合、インフレでパンが110円になったとしても1年後であればパンが100個買えます。

お金は表面的には10％増えましたが、持っているお金で買えるものは変わらないことになります。つまり、金利とインフレと両方考えなければいけません。この金利がなぜ重要なのかは、のちほど説明します。

10％インフレで金利も10％

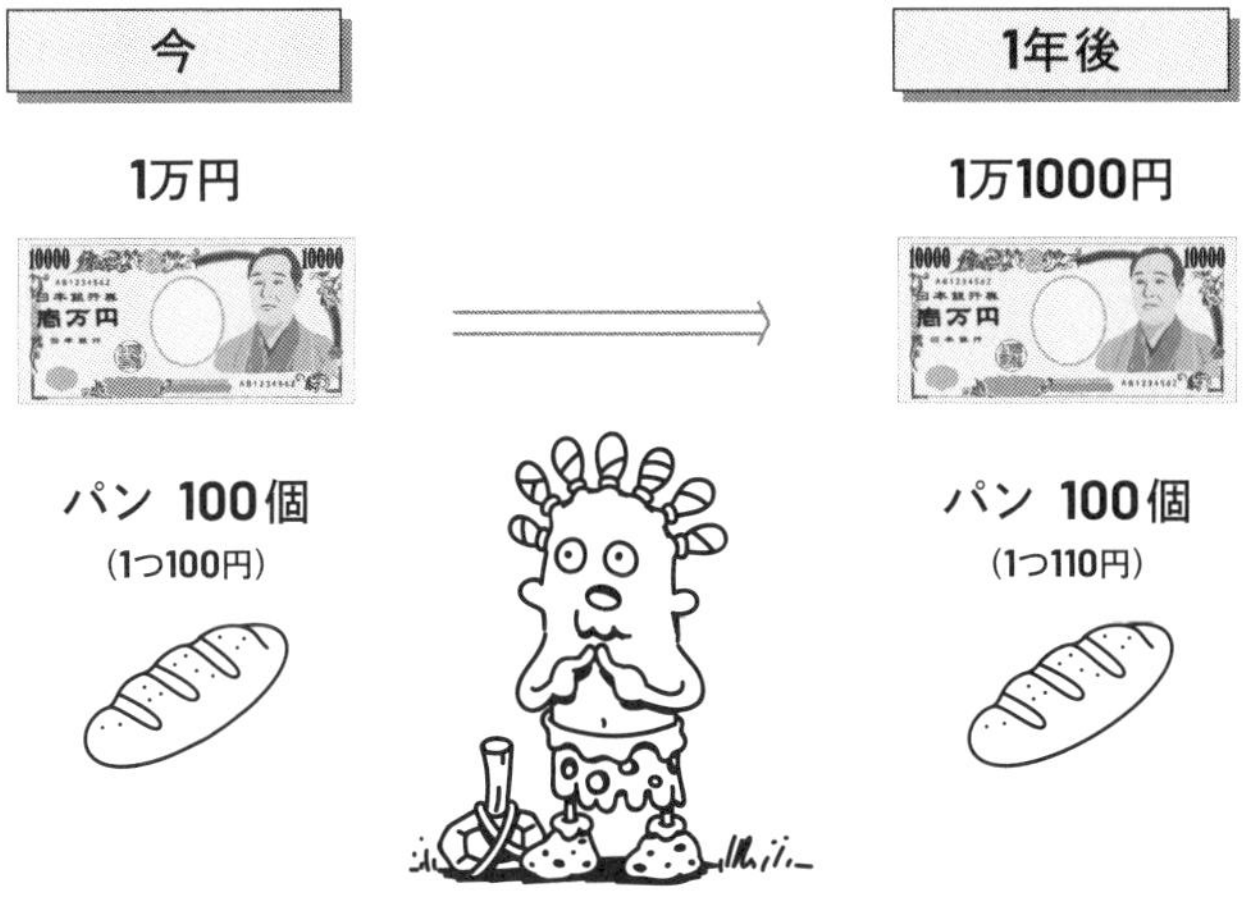

お札ってどこからくるんだろう

ところで、お金を稼ぐことは容易なことではありません。会社に勤めたり、投資で儲けるなどきちんとしたプロセスで手に入れるのはとても大変です。

ところが、国の立場でお金を考えると大分事情が変わってきます。お金は日本の中央銀行である日本銀行が印刷機で刷ることができます（印刷をしているのは国立印刷局、コインは造幣局）。

私たちが必死にお金を稼いでいるのとはうらはらに、国は紙に印刷するだけでどんどん一万円札をつくれます。

しかし、このようにお札を刷っていても、これは日銀や政府が空気からお金をつくっているということではありません。**また、日銀や政府が刷ったお金を自由に使えるわ**

けでもありません。刷ったお金を流通させるしくみによってきちんと調整されています。

では日本銀行は、刷ったお札をどのように流通させているのでしょうか。

それは、普通の銀行（メガバンクや地銀など）が日銀に預けている預金を下ろすときに「〇〇円分だけはお札でください」と頼み、その分だけ日銀が新しく刷ったお金を渡すという方法です。こうやって、世に新しく刷ったお札が出回っています。

このように、日銀や政府も刷ったお金を勝手に使うなどということは許されていません。

お札が自由に刷れるなら、たくさん刷って税金をゼロにすればいいいんじゃないの？

しかし、いつも「お金がない」というのが政府です。税金を「上げる」こともよく選挙の争点になっています。政府にお金さえあったら、私たちは税金を払わずにすむはずです。

せっかく日銀がお金を刷れることを生かして、何か方法はないのでしょうか？

実はあります。

それは、日本政府が「国債」を発行して、日銀が直接買うことです。

国債とは国がお金を借りるために発行しているものです。それを、個人や企業が買うのではなく、日銀が買ったらどうなるでしょうか？

日銀はお金を刷れるので財源は無限にあります。

政府が発行した国債を日銀が買い、しかも返済期限（満期）を1000年などにしてしまえば、政府としては事実上、返さなくてよいお金を手にすることができます。

1年満期にしたとしても、日銀が毎年借り換えに応じれば同じです。

これができれば、増税もしなくてすみます。それどころか、税金そのものをゼロにだってできるでしょう。

ほかの国もそうすれば、世界中がみんな税金なしで幸せになれます。

ではどうして、誰もそうしないんでしょうか。

それは、何度も言っているように、お金が「信用」でなりたっているからです。**政府が国債をばんばん発行し、中央銀行に買わせること（これを「引き受ける」と言います）をしたら、この信用と幻想が壊れて、本当に紙切れになってしまいます。**

だからどの国も「それだけはやってはだめ」と強く誓っているのが、この「中央銀行による国債の引き受け（これを財政ファイナンスといいます）」[*7]です。

ここで、お金、特に日本円というお金を考える上でとても重要なポイントなので、なぜ中央銀行が国債を直接引き受けると信用がなくなるのか、ということを紹介したいのですが、詳しくはのちほど説明します。

とりあえずは、

「政府が印刷機でバンバンお金を刷り、いくらでも使っていいということはありえない」

「世の中に政府が刷りまくったお金があふれてきたら、さすがにお金の価値が下がる（インフレになる）だろう」

くらいにざっくりと理解しておけば十分です。

財政ファイナンス

7. 財政ファイナンスは財政法第5条に「すべて、公債の発行については、日本銀行にこれを引き受けさせ、又、借入金の借入については、日本銀行からこれを借り入れてはならない」とある通り禁止されていますが、実は日銀は発行済国債の半分を保有している状態です。これは財政ファイナンス以外の何物でもない、という意見も出ています。直接引き受けてこそいないが、市場から大量に買っているから同じだ、ということです。この点について日銀の黒田東彦総裁は、「日銀を含めた中央銀行が国債を大量に買い入れているのは、あくまでも金利を低位で安定させる金融政策のためで、財政ファイナンスではない。(金融政策と財政政策が)協調・連携して行われていることは事実だが、政府や日銀を含めた中央銀行が独立の立場で政策を決めて実行することになんら矛盾しない」と、財政ファイナンスを否定しています。「金融政策を行っているだけで、国の赤字を助けているわけではない」ということです。

お金は銀行が書いた数字にすぎない

これまで、お金は紙切れに信用を持たせたもの、と説明してきましたが、実はお金は紙切れですらないことをここで重ねて伝えておきたいと思います。

みなさんは、銀行口座の確認をするときはどうしていますか？

ＡＴＭで通帳に記帳したり、パソコンやスマホで残高確認しますね。ここには、いずれも数字が書いてあるだけです。銀行にお客さんごとの箱があり、そこに現金紙幣が預金残高の分だけ入れてあるわけではありません。

だとすると私たちが銀行口座に持っていると思っているお金は単なる数字でしかない、ということになります。

たとえば、Aさんが現金で1億円を持っていたとします。ちょっと考えにくい話ですが、このお金がその国にあるお札の全部だと仮定してください。そうするとその国にあるお金の総量は1億円になりますね。一万円札なら1万枚です。

Aさんは、そのお札を全部銀行に預けました。そして、代わりに「残高1億円」と書いてある通帳をもらいました。

さて、Aさんはお金を持っているでしょうか？

はい、持っていますね。銀行に預けていて、1億円持っています。次の図の通りです。

1億円を貯金したAさん

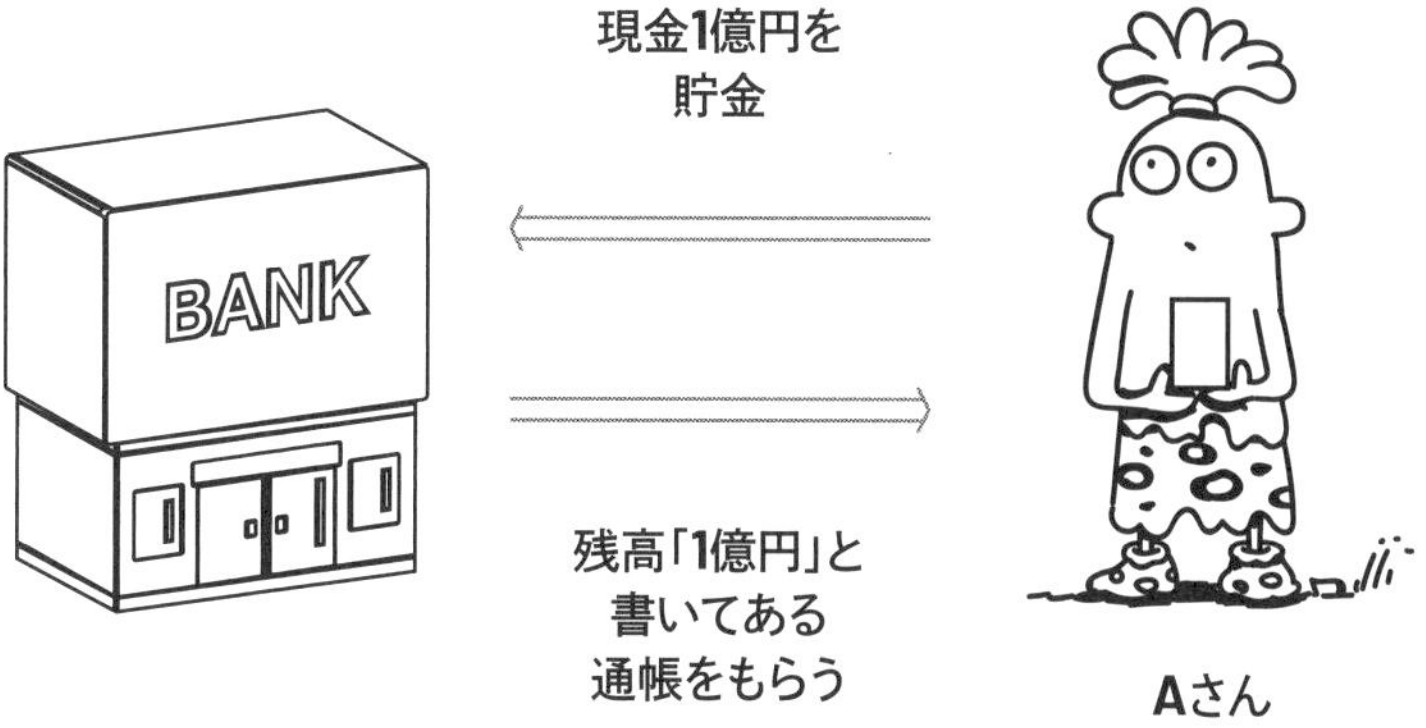

次の日にBさんが銀行に来て、「お金を1億円貸してください」と頼みました。

銀行はAさんから預かった1億円をBさんに貸してあげることにしました。

そしてBさんに「残高1億円」と書いた通帳を渡します。

さて、Bさんはお金を持っているでしょうか？

はい、持っています。銀行から借りたもの、かつ銀行に預けていますが1億円持っています。

1億円の融資を申し込んだBさん

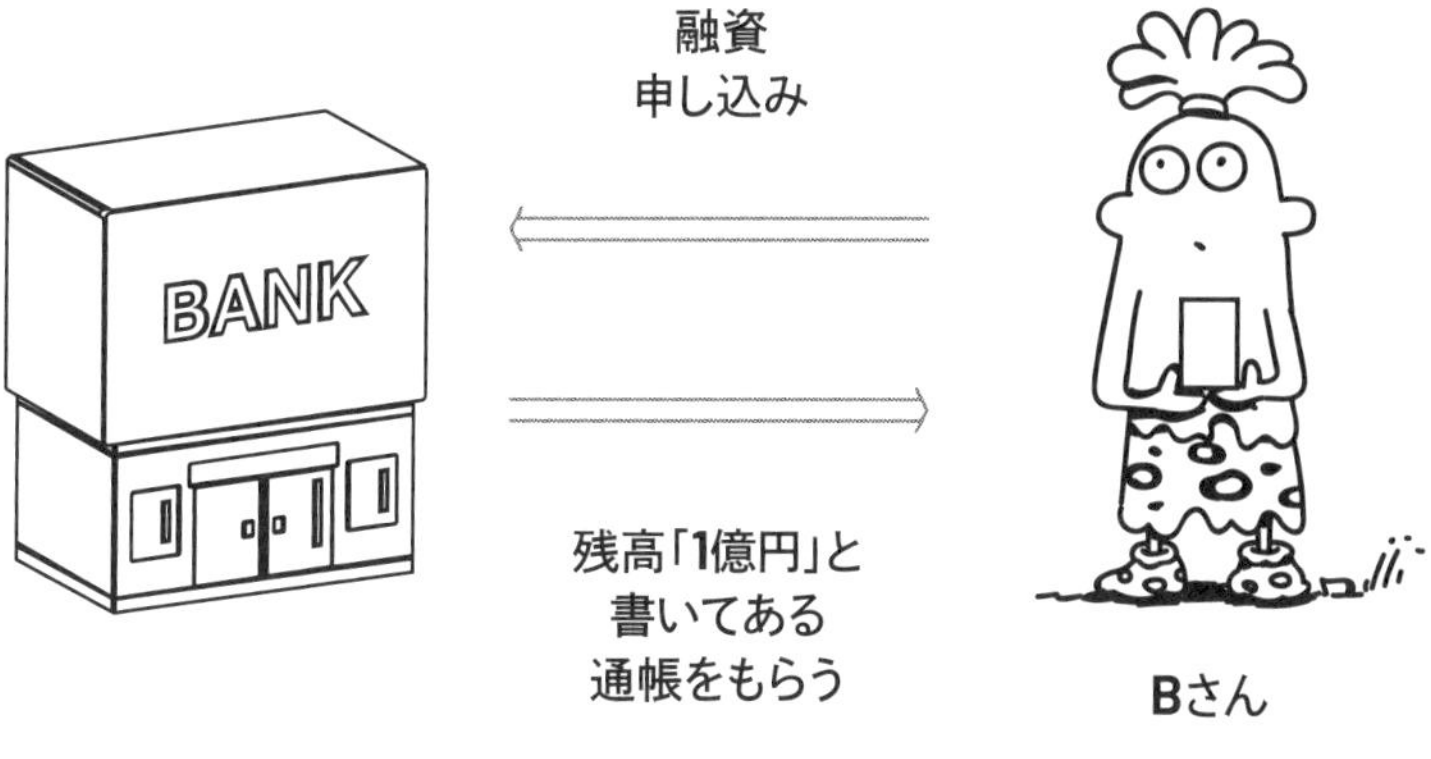

このとき、Aさんも1億円持っていますし、Bさんも1億円持っています。
次の日にCさんが銀行にやってきて「お金を1億円貸してください」と頼みました。
銀行はBさんから預かった1億円をCさんに貸してあげることにしました。
そしてCさんに「残高1億円」と書いた通帳を渡します。

1億円の融資を申し込んだCさん

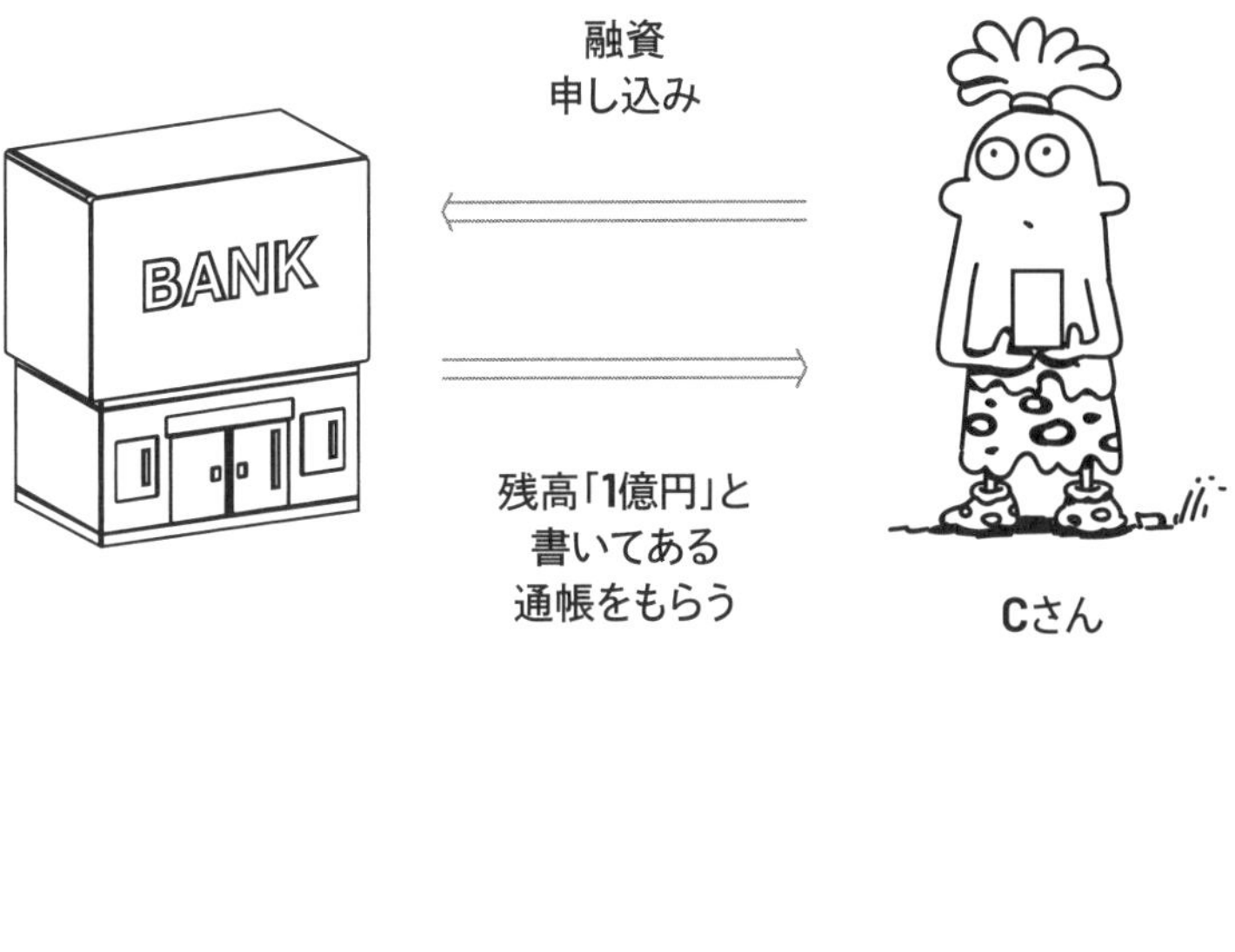

Cさんも、もちろんお金を持っていることになりますね。銀行のCさんの口座には1億円あることになります。

この時点で国中にあるお金の総額を計算すると、

Aさん1億円
Bさん1億円
Cさん1億円

と、合計3億円が存在していることになります。
でも、存在している一万円札の数自体は変わらず、1億円のままです。

なぜか全員に1億円ずつある

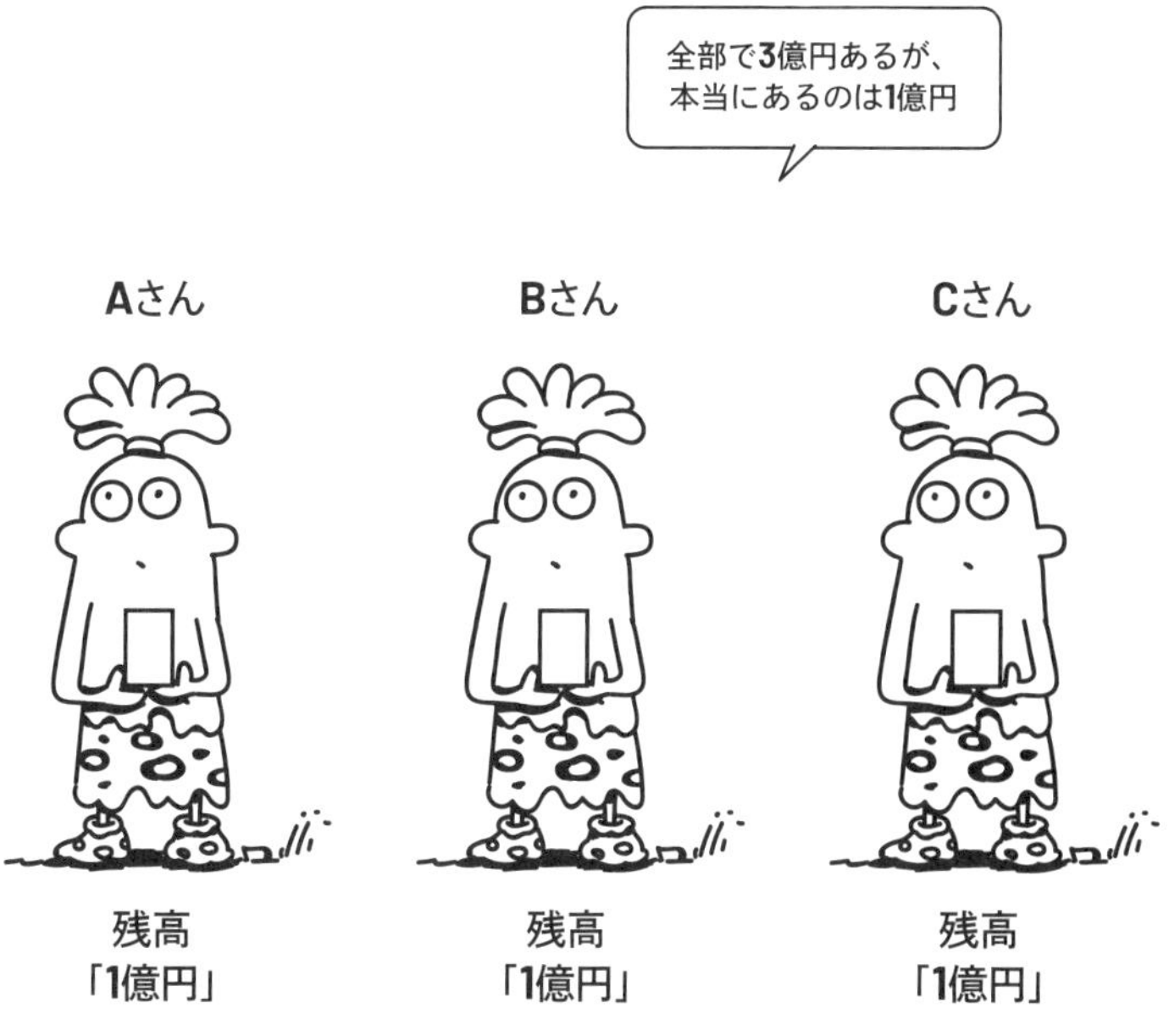

なんだかインチキのようですが、これが世の中で実際に起きていることです。

この例はわかりやすくするために極端にしました。正確には預かったお金の全額は貸し出してはいけないというルールはあります。しかし、基本的な考え方としてはこうやって見せかけのお金は増えていきます。

銀行がお金をつくり出しているようですが、これを「信用創造」と言います。

ちなみにこの例だと、お金を借りた人がそこで使ってしまうとその分減るのではないか、という気がしますが、そうでもありません。

たとえば、BさんがDさんから5000万円の買い物をしたとします。そうするとBさんの預金は半分の5000万円になりますが、今度はDさんの預金が5000万円増えることになり、銀行としてはBさんの5000万円とDさんの5000万円を足してCさんに1億円貸せるわけです（Dさんが売上を現金でもらってタンスにしまったりすると話は変わってきます）。

もともと、「お金とは紙切れ」ですが、現代の社会では「紙のお金はお金の一部で、紙ですらない、通帳に書いてある数字だけのものもたくさんある」のです。

お金の正体とは、このように得体の知れないものなのです。

いちばん信用のおける国とは「戦争が強い国」

ここからは、大きな視点でお金を見てみましょう。

いま、世界中には80億人くらいの人がいて、約200くらいの国があります。

数え方にもよりますが、通貨の数も180種類くらいあります。すごい数ですね。しかし、**これだけあっても、お金というものは万国共通の確固たる価値基準にはなりえないのです。**

その意味では太古の昔から現代まで、唯一お金として通用していたと言えるのは金《きん》のみといえるかも知れません。

2000年くらい前の世界に君臨していたローマ帝国ではアウレウスという金貨や、デナリウスという銀貨が使われていました。

現在金1オンス（約30グラム）の値段は28万円くらいです。だいたい男性用の高級

ローマ時代も今も、金の価値は大体同じ

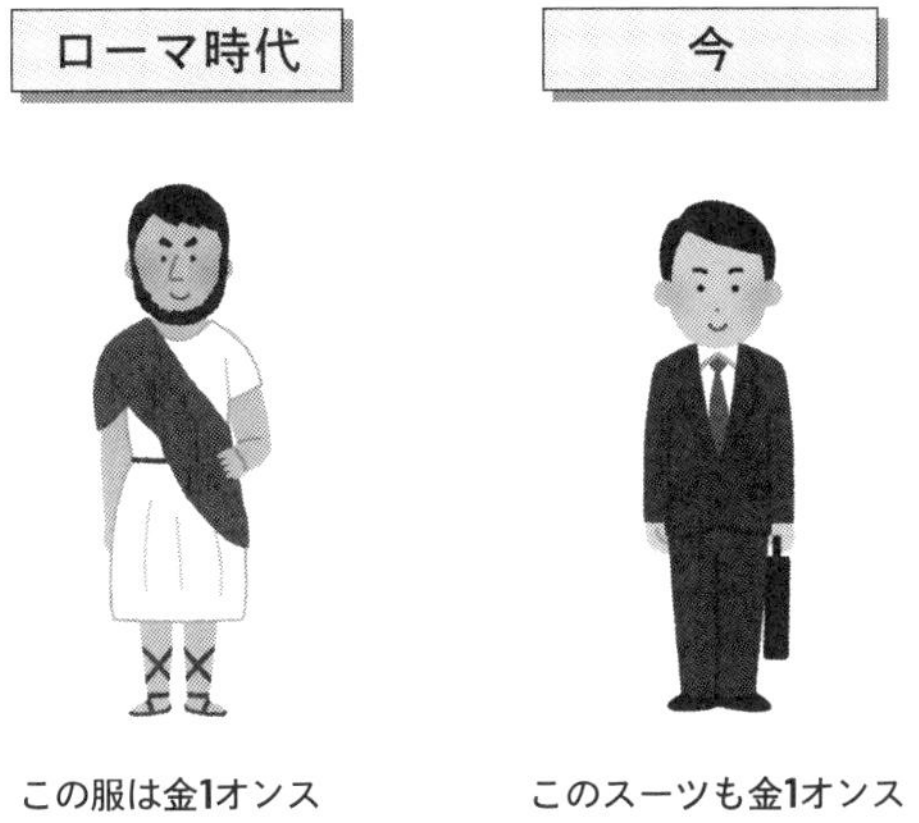

スーツが買えるくらいの価値があろうかと思います。

一方、2000年前の古代ローマの時代でも元老院の議員が仕事で着る高級な服も金1オンスくらいでした。

これはすごいことです。金30グラムで買えるものの価値が2000年もの間変わらないのですから。

このように、金はとても安定したお金です。このくらい価値が変わらない紙のお金は存在しません。

ある国の中だけでお金を考えると基本的に一種類しかないので、そのお金の価値（信用）がなくなってしまったり、インフレでお金の価値が下がってしまうと、国民としてはなすすべがありません。

そんなとき、どこかよその国のお金がとても安定していて、世界中のみんながたくさん持っている信用がありそうなお金があれば、それは相対的に「安全な紙」ということになります。

判断の基準は「戦争に強いか」と「経済が強いか」

では、その国のお金が安全なのかどうかはどうやって判断すればいいのでしょうか？　経済の強さでしょうか？

判断をする際にいちばん大事なのは「その国が戦争に強いかどうか」です。もし暴力でよその国を制圧し、その国の経済を崩壊させれば、その国の紙の信用はもちろん吹き飛びます。

なんだ、結局喧嘩が強い奴、暴力で相手をねじ伏せる奴が強いのかと言われればそういうことだという残念な話です。しかしお金とは、結局そういうものなのです。

この本の執筆時点でいちばん喧嘩が強いのはアメリカです。軍事予算は、年間100兆円くらい使っています。すさまじい金額です。ちなみにロシアで7兆円くらいです。その上、アメリカは世界最強の軍隊と核兵器まで持っています。

これだけすごいと、さすがにアメリカは戦争で負ける気がしません。

つまり、アメリカドルという紙切れは、少なくともしばらくは紙くずになることはなさそうです。

戦争の強さの次が、やはり経済の強さです。アメリカは、この点でもGDP（国内総生産）は世界最大で23兆ドルくらいあり、ダントツの1位です。

世界のGDP（国内総生産）の順位

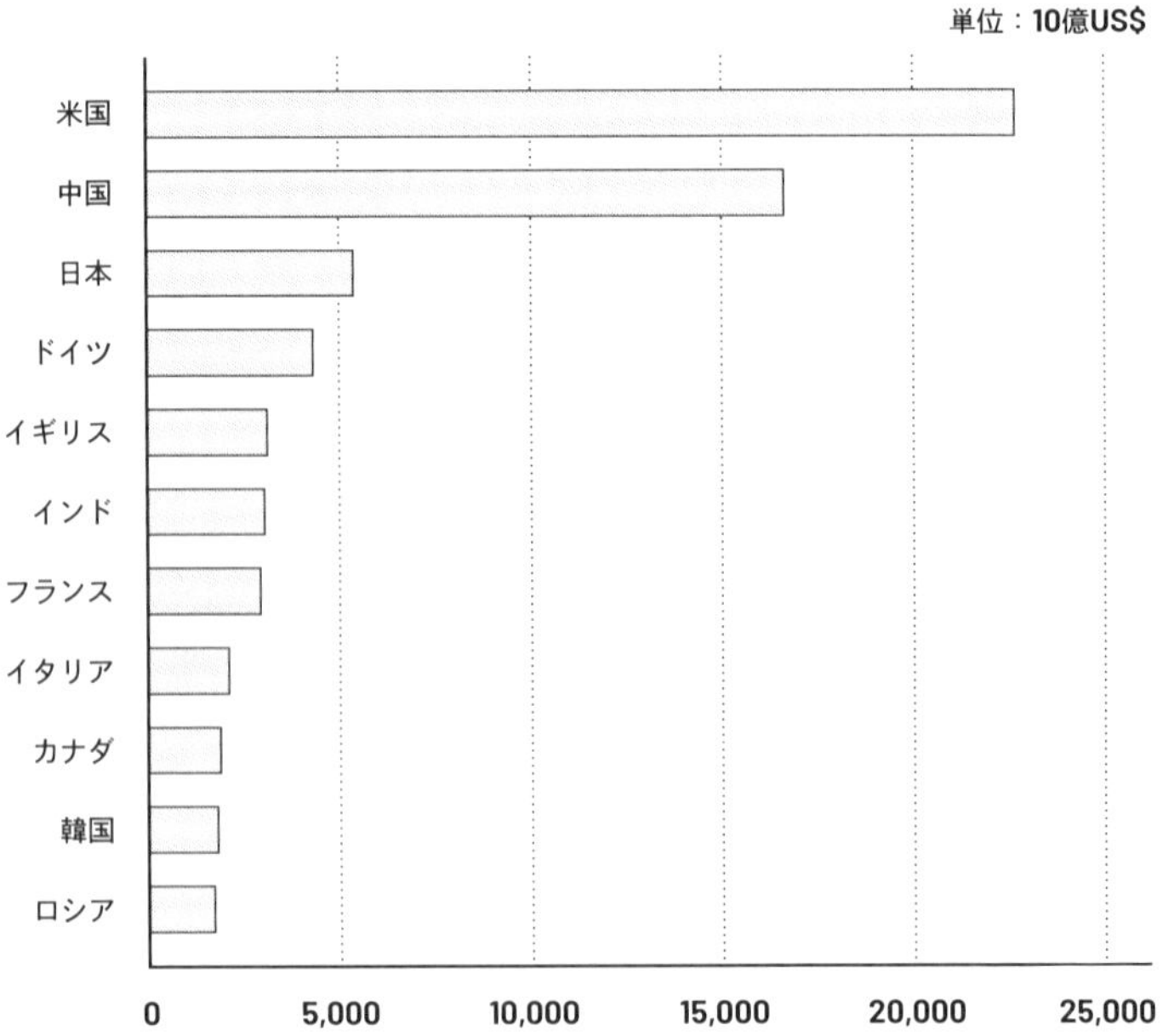

出所＝https://www.imf.org/external/datamapper/NGDPD@WEO/OEMDC/ADVEC/WEOWORLDを元に著者作成（2020年時点）

ちなみに日本のＧＤＰは世界2位だったのですが、現在は完全に中国に抜かれてしまいました。

このように、世界一軍事力があって（喧嘩が強くて）、経済が強い（お金持ち）国であるアメリカのドルが最も信用されている紙、ということになります。

こういう信用される状態になった通貨が、さきほどもお話をした「基軸通貨」です。

基軸通貨を発行できる立場はとても有利です。なぜかは追って説明します。

繰り返しになりますが、お金というものは基本的に紙きれであって、その紙自体には価値がなく、それを発行している国の信用という、ふわふわしたものの上に成り立っているものです。今はアメリカのドルが最も信用がありますが、未来はそうではないかもしれません。

戦争に強いかと経済が強いか、この2点で世界を見るようにしましょう。

為替の将来の変化を読むのは困難

世界中では、さまざまな通貨が使われています。**そうなってくると「ある国のお金の価値がよその国のお金の価値とどう違うのか」が非常に重要になってきます。**これを為替[★8]といいます。

海外旅行に行くときも、円と現地の通貨を交換して、現地では現地通貨で買い物をしますよね。「今は円安だから海外旅行が高いぞ」なども馴染みのある会話でしょう。同じ国の中で人々が商売をする場合は、基本的には同じお金を使います。北海道の人が沖縄に旅行し、そこで買い物をするときは日本円です。

ところが、日本人が日本でつくったもの、たとえば車をアメリカに売りたいと思ったとき何が起こるのでしょうか。

日本でつくった車をアメリカまで持っていき、そこで売ると基本的にはアメリカドルをもらうことになりますね。その後、そのドルを円に換えるという作業が必要になります。

ここで「ドルと円の交換比率をどうするのか」という問題が発生します。これを、為替レートといいます。

ここで、ごく簡単に為替レートの決まり方を説明します。本来なら、それだけで一冊の本になるくらい複雑なものですので、ここではざっとどういうものかをつかんでください。

為替の決まり方にはいろいろな説がありますが、**いちばん一般的なのは「購買力平価」というものです。**みなさんは、「ビッグマック指数」という言葉を聞いたことがあるでしょうか？　あれのことです。

ビックマック指数とは、もし日本のビッグマックが1個300円で、アメリカで3ドルだったら300円と3ドルが同じ価値なのですから、為替レートは1ドル100円だろう、という考え方のことです。

実際には国によって材料費や人件費が違ったり、法律や税率が違ったりしてそんなに単純ではないのですが、一理ある考え方ではあります。

この考え方に立つと、日本とアメリカのビックマックの値段が変わらないか、同じような値上がりや値下がりをしている限りにおいては、為替レートは変わらないことになります。

為替とは

8. 為替とは、本来的には、「現金の代わりに、手形・小切手・証書などで決済をすませる方法」のことを指し、異国間で為替が行われる場合に、通貨の交換を伴うことから「外国為替」というのですが、本書においては異国間でのお金の交換のことを為替と表記します。

ビッグマック指数とは

値段が変わらない場合

1ドル＝100円

日本
300円

アメリカ
3ドル

	今	→	1年後
アメリカ	3ドル	→	3ドル
日本	300円	→	300円
レート	100円	→	100円

値段が同じ比率で変わる場合

1ドル＝100円

日本
400円

アメリカ
4ドル

	今	→	1年後
アメリカ	3ドル	→	4ドル
日本	300円	→	400円
レート	100円	→	100円

そして、アメリカと日本でのビックマックの値段が変わると為替が動き始めます。

本来の為替レートはこれほど単純ではなく、さまざまな要素が影響するので、**為替レートの将来の変化を正しく予想するのは非常に困難です。**困難どころかできないと言ってもいいくらいです。

したがって、短期間の為替変動にかける投資であるFX（外国為替証拠金取引）は、投資としては非常に危険なものであるといわざるを得ないのですが、そのあたりの話も後ほど説明します。

ある国が発行している、信用をバック

国によって値段の差が出ると、為替が動き始める

値段の差が出ると……

	今	→	一年後
アメリカ	3ドル	→	3ドル
日本	300円	→	450円
レート	100円	→	150円

にしたふわふわした紙切れと、他の国が発行している信用をバックにしたふわふわした紙切れの将来的な交換比率を予想するのは、二国間のふわふわ度合の変化率を予想することです。

かなり本格的に勉強しなければなりませんし、どんなに努力しても報われるとは限りません。プロ中のプロであるはずのヘッジファンドの人々が、実際に為替で失敗する例は山のようにあります。

第2章

証券会社、銀行、保険会社のセールスの話は聞かない方がいいのか

まず「日本人は投資が苦手」だということを知っておく

これまで、「そもそもお金って何だっけ?」という話をしてきました。第1章を押さえることができたら、この章で扱う「どうやってお金を増やすのか」という話も理解しやすくなると思います。

筆者は35年くらい金融の世界に身を置いていますが、長年関わってみて思うのは「日本人は投資が下手だし、向いてない」ということです。

もちろん、日本人の中でも投資が天才的にうまい人は存在します。民族レベルで世界比較をすると相対的に下手な方だということです。これは決して日本人が無能ということでも人としての価値が低いと言っているわけでもありません。

人にはそれぞれ個性や短所・長所があります。日本人の投資の下手さは美徳のひとつではないかと思います。

なぜこのようなことをわざわざ書いているかといいますと、投資の勉強をするなら、

自分のキャラクターを理解した上で、勉強した方がよいと思うからです。

我々日本人が投資について学ぶに際しては、自分達は基本的に投資が下手だし向いていない、ということをよく理解した上で勉強を始めるべきです。そこから始めれば、正しい投資ができるようになるはずです。

投資で稼ぐお金は「不労所得」ではない

投資でお金を儲けることは決して簡単なことではありません。

「投資で稼ぐお金は不労所得であって、額に汗して稼ぐお金こそが尊い」という風潮が日本にはあります。この点については、日本で育った人は、なんとなく同意できる人が多いのではないでしょうか。

しかし、これは大きな間違いです。

もしかしたら、何も考えずに株を買って、結果的にそれが儲かったり、なんとなくドル安になりそうだと思ってドルを売ったら儲かった、くらいのことはあるかもしれません。しかしそんなやり方でコンスタントに利益を出しつづけるのは不可能です。それは断言できます。

投資で稼ぐために必要なのは「これから起こることを予測する能力」だということを覚えておきましょう。つまり、未来予測です。

もっともこれから世の中で起きることを的確に予想することは極めて困難です。**大変な勉強量やセンス、そしてなによりもそれをずっと行うという不断の努力が必要になります。**寝食惜しまずやったとしても損することもよくあります。投資から得られる所得が不労所得なんてとんでもないことです。

頭のいい人でもよく損をする

私は資産運用の仕事をしているので、さまざまな方から投資のアドバイスを求められます。メーカーの役員や会社のオーナー、親の遺産を相続した人、定年退職で退職金をたくさんもらった人、キャリア官僚、医者に弁護士など職種はいろいろです。いずれの方も高い教育を受けています。教養豊かで頭もよい人達です。

ところが、お話を聞いてみると、証券会社や銀行の営業マンの勧めるままに投資の商品を買っている人が多いのに驚かされます。

それは、日本人にはいわゆる「いい人」が多いからではないかと思っています。

彼らは、純粋に自分の資産を増やそうと思っており、それに際して助言者のアドバイスを素直に受け入れているのでしょう。

証券会社のセールスマンのアドバイスは本当に顧客優先なのか

証券会社のセールスマンのアドバイスにしたがって、結果損してしまうことがなぜ発生するのでしょうか。

証券会社にとってもお客さんが儲かり、会社も儲かる方がいいに決まっています。決して証券会社は詐欺師ではないので、お客さんに損させることを目的にしているわけではありません。

ここで、販売する側である証券会社や銀行等の立場から考えてみます。

商品を販売する側にとって最も重要なことは、**販売手数料を稼ぐことです。**販売手数料だけであれば、自分はリスクを取らずにすむからです。

証券会社も銀行も、自分がリスクを取ってお金を稼ぐのはできるだけやりたくありません。損をする可能性があるからです。

もちろん、彼らは自分でリスクを取っている部分もあります。そもそも銀行は預かった預金を人に貸して金利で儲けているので、借り手が倒産するリスクを取っているし、証券会社にも自分のお金で投資して儲けている部門は必ずあります。ただ、商品を販売するときのリスクは軽くしたいと会社として思っているということです。政府も金融機関の経営が安定するように、リスクについては厳しく指導しています。

こういった証券会社にとっていちばんいいのが、販売手数料だけ得ることです。

証券会社にとって理想的なパターンは、

「株式の売買を仲介したら固定手数料をもらえる。そして手数料率はその国によって固定で決められている（つまり他社と値引き競争をしなくていい）」という場合です。「売買代金の3％を手数料としてお客さんからもらっていい」、というルールは、証券会社としてはかなり楽です。なんでもいいから、お客さんがたくさん売ったり買ったりしてくれればその度に3％分が入ってきます。損するのも得するのもお客さんです。証券会社は相場が下がっても損失が発生しません。

もちろん、お客さんは損したら投資をやめてしまうかもしれませんが、それでも証券会社には別のお客さんが来て儲かるものです。

今は違いますが、実は昔はそういう時代でした。手数料率が国で決められていたため、今に比べると、証券会社はかなり収益が上げやすい構造になっていました。これも行政による業界保護の一環です。これは、昭和40年にあった証券不況なども影響しています。

ところが証券会社の体力がついてきたことやグローバル化の影響などもあり、1999年に自由化されました。その後、猛烈な競争が始まって証券会社の収益は悪化していきます。

銀行も証券会社も、利益を上げるのがとても難しい環境になっている

固定手数料が稼げなくなると「鞘を抜く」しかなくなります。

鞘を抜くというのは、金融用語で、安く買ってきたものを高く売るという行為です。いちばんいいのは、株に限らず何かを安く買ってきて、お客さんに高く売ることです。あいにく株は市場集中義務といって、証券会社が勝手にお客さんとの間で株の売買価格を決めてはダメで、株式市場で売買を成立させないといけません。**したがって、ある人から安く買ってきた株をほかのだれかに高い値段で売って儲けるというのは基本的にできません。**

株がだめなら、証券会社は何を売ればいいでしょうか。

株の次は「債券を売る」ということが考えられます。

債券は相対取引（証券会社とお客さんが直接取引するという意味）ですので、仕入れ値よりも高く売ることができます。

たとえばどこかの国の5年国債の金利が5％だとします。それをお客さんに金利4％で売れば、5年の間1％を儲けられます。つまり、トータルで考えると、売却代金の5％程度が儲けということになります。

ところが、それもこのところは、超低金利政策でできなくなっています。もともとの金利が低いので、そこからは鞘を抜きようがないのです。

たとえば、5年国債で元の金利が0.1％だったとします。全部鞘を抜いて金利ゼロでお客さんに渡したとしても（そんなものは実際に売れませんが）利益は0.5％にしかなりません。

そうなると、低金利時代に債券で儲けるのはむりです。次に考えられるのは、為替レートです。これで鞘を抜くというのはどうでしょう？　つまり、お客さんがドルが欲しいといってきたら、仕入れ値よりも高い値段で売ればいいのです。海外旅行に行ったときなどは現金で外貨を買いますが、昔はときにひどい交換レートを提示されました。あれです。

たしかに少し前まで1ドル買うのに手数料が1円くらいでしたので、外貨を売買するたびに売買代金の1％くらい儲かってました。これも金融機関にリスクが発生しないパターンです。

ところが、インターネットの発達にともない、事業コストの安いネットバンクが登場したこともあって、上乗せ幅がどんどん縮まっていき、今やほとんどゼロみたいな状態になっています。ＦＸ業者の競争も手数料低下に拍車をかけています。

というわけで為替でも鞘を抜けません。

こうなったらどうすると思いますか？

金融ビジネスの基本は「相手にとって値段がわからない」ものを販売すること

金融ビジネスで重要なことは「相手に値段がいくらかわからないようにする」ということです。ルールや構造をわからないようにして売るのです。鞘抜きももちろんわからないようにします。

為替で悩ましいのは、ちょっとスマホをいじっただけで、本当の市場価格がいくらであるか瞬時にわかってしまうため、少し鞘を抜いただけでもすぐにわかってしまうところです。

そもそも「うちは為替の手数料は○銭です」と公表するのでごまかしようがありません。

そこで登場したのが、「デリバティブ」です。これは、業者にとって画期的な商品です。なんといっても、普通のお客さんでは値段がいくらかわからないからです。為替であれば、説明した通り、今いくらなのかは瞬時にわかります。たとえば1ドル137円52銭、といった具合です。これを「137円60銭で売ります」というと、買う方は「8銭抜いた値段だ」とすぐわかりますよね。

ところが、もしこれが、「3か月後に1ドルを145円25銭で1万ドル買う権利の権利料」となったとたんにいくらかわからなくなります。

この正解を出すには、下のような式で計算します。**こんな計算、普通はわかるわけありません。**

専門家以外はわからない数式が背後にある

$$C(S_t, t) = e^{-q(T-t)} S_t N(d_1) - K e^{-r(T-t)} N(d_2)$$

$$N(x) = \frac{1}{\sqrt{2\pi}} \int_{-\infty}^{x} e^{-\frac{y^2}{2}} dy,$$

$$d_1 = \frac{\log\left(\frac{S_t}{K}\right) + \left(r - q + \frac{\sigma^2}{2}\right)(T-t)}{\sigma\sqrt{T-t}},$$

$$d_2 = \frac{\log\left(\frac{S_t}{K}\right) + \left(r - q - \frac{\sigma^2}{2}\right)(T-t)}{\sigma\sqrt{T-t}}$$

仕入れ価格がわからなければ、もちろんお客さんは鞘を抜かれたかどうかわかりません。

実は金融の世界は、昔は単純なしくみで成り立っていたのですが、ソ連が崩壊したあたりから、軍事目的でたくさん雇っていた科学者（ロケットサイエンティストなどと呼ばれます）たちの仕事がなくなってしまい、金融界に転職してきたことがこういう技術を発達させました。

証券会社、銀行、保険会社のセールスの話は聞かない方がいいのか

以上のようなことを聞くと、証券会社のセールスがすすめるものは一切買わない方がよいのではないかと思ってしまいますが、はたしてそうなのでしょうか。

証券会社も営利企業で慈善事業をしているわけではありません。

きちんと利益を出して従業員の給料を払わないといけません。したがって会社にとって収益性の高い商品を販売したいと思うのは当然のことです。

会社にとって収益性が高いということは、基本的にお客さんからたくさん手数料を取れるものだということを意味します。

手数料が高くても投資家にとってよい商品はありますが、何も考えずにすすめられるまま提案された商品に投資する、という態度がおすすめできません。

しかし、大手の金融機関にはかなりちゃんとした調査部門があり、世界経済や金融市場について詳細に分析し、投資に役立つあらゆるデータを提供しています。

こういった分析やデータは大変価値のあるもので、投資判断をする上でとても参考になります。

証券会社や銀行から提供される分析・データをきちんと理解して、セールスの言葉はそれなりにバイアスがかかってるという前提で冷静に聞き、最終的に自分で判断をするというのが、証券会社などの金融機関との正しいつきあい方です。ですので、とにかく勉強してからはじめましょう。

売り推奨をしたがらない証券会社

ここで、証券会社の「売り推奨をしないバイアス」について説明します。

売り推奨とは、「この株は高すぎるから、そのうち値下がりします。値下がりする前に売ってしまいましょう」と下がることを予測して、お客さんに売却をすすめることです。これにより、そのまま保有するより損が減ります。

ところが**証券会社は株価が下落するという主張をしない、たまにしたとしても非常に限定的にしかしない傾向があります。**

なぜ一流のアナリストの大半がこのような主張をしないのでしょうか。

私は、証券会社は株価が上昇しているときのほうが儲かる傾向にあることが影響しているのではないかと思っています。

証券会社のセールスは、顧客が儲かっている株を売って利益を出すときと他の商品に乗り換えさせたいとき以外は、基本的に売り推奨をしたがりません。

特に評価損（買った値段よりも市場価格が低くなっている状態）が発生している銘柄を、さらに値下がりしそうだからといって売らせることもしたがりません。

売り推奨は、損失を確定します。ですので、顧客にとっては聞いていて気持ちのよいものではありませんし、**セールス側にしても自分の推奨が間違っていたことを認めることになるため、避けたいのです。**

つまり、証券会社は構造的にいつでも株には上がり続けてほしいのです。

ここで、証券会社がいかにそうなのかを検証してみましょう。

ここ数十年の間で、証券会社が最も売り推奨をすべきであったタイミングはリーマン・ショックの直後でしょう。

しかし、その時点でアナリストたちが行っていた売り推奨は、たった43だったのに対して、買い推奨は151という比率でした。

リーマン・ショックの直後であるにもかかわらず、明らかに買い推奨が多いことがわかります。

その後、半年程度の株価の推移は次ページの図の通りです。

2008年9月末に1万1260円であった日経平均株価は5カ月後の2009年3月2日には7280円まで下落しています（日経平均株価とは日本経済新聞社が選んだ225銘柄の平均株価のことで、日本の株式市場の代表的な株価指数です）。

また、経済番組を見ても、上昇しているときは「もっと上がるから買え」と言い、下がっているときは「押し目買い[★9]のチャンスなので買え」と言っている印象があります。

「さらに下がりそうなので損してでも売るべきだ」という発言はほとんどありません。あるとすると証券会社とは収益構造の違う独立系の調査会社くらいでしょうか。

そもそも下げることとは「調整」と呼び、上げるときは「調整」とは言いません。なぜ言わないのかというと、下げるというとイメージが悪いからです。結婚式で終わりと言いたくないので、「お開き」と言ったりするのと似ています。

半年でここまで日経平均が下がっていたのに「売った方がいい」とは言わなかった

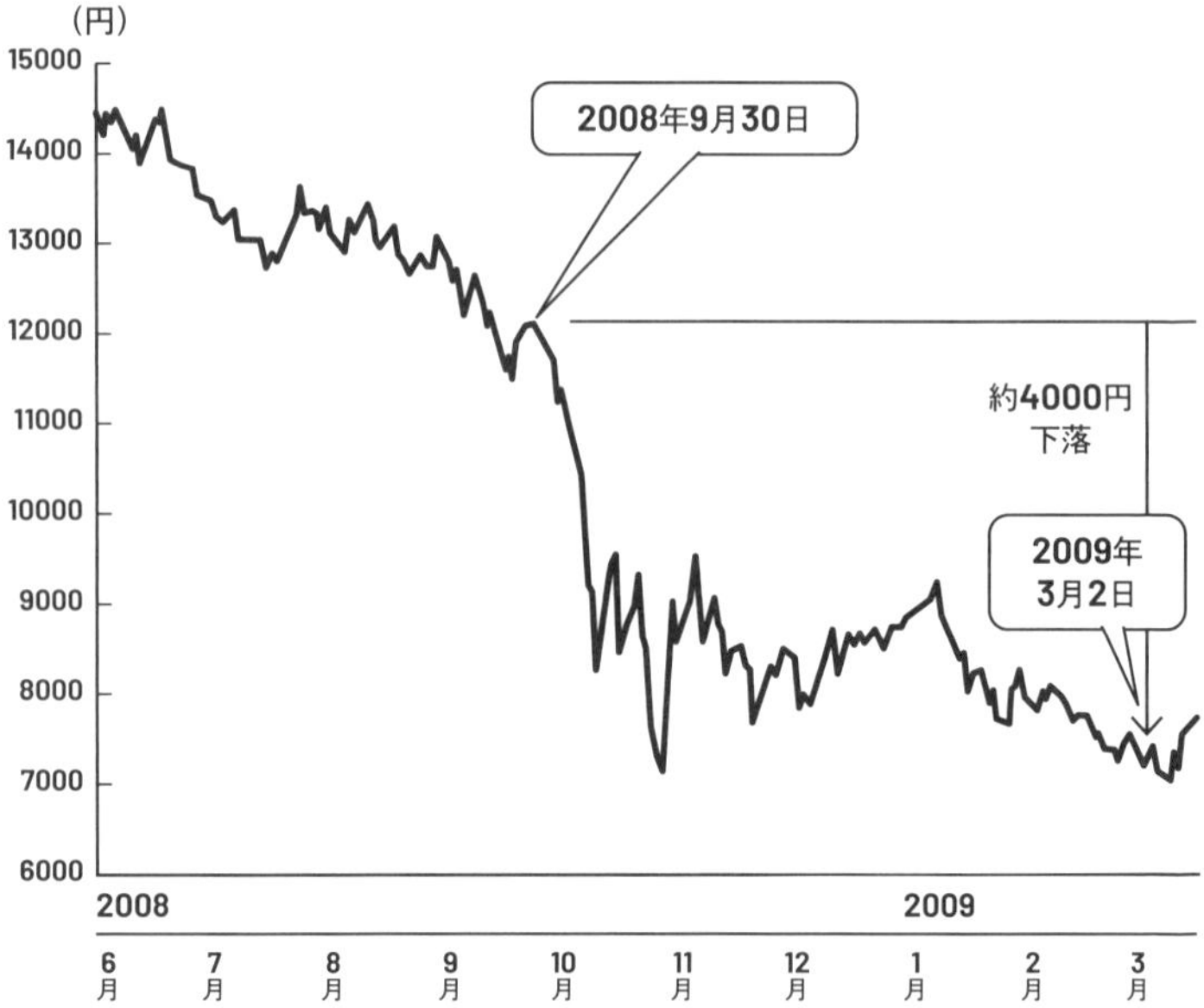

リーマン・ショック以降の株価推移　日経平均株価（2008年6月～2009年3月）
出所＝ブルームバーグ等のデータを基に筆者作成

ある商品を売りたくて仕方がない人に、「それっていい商品ですか？　買った方がいいですか？」と質問したらどうなるでしょうか。

「実はこれは割高だから買わない方がいいですよ」などとは答えないのではないでしょうか。

押し目買いとは

9. 相場が上昇トレンドにあるときに、利益確定売りなどで、本来は値下がりする状況じゃないのに、一時的に相場が下がることがあり、それは買いのチャンスなので買いを入れること。

プロですらなかなか勝てない投資の世界

投資で勝つためには、基本的には他の人を出し抜く必要があります。出し抜くというと聞こえが悪いかもしれませんが、つまり「他の人よりも未来を読むために努力する」ことが必要です。これなくして他の人に勝つのは難しいですよね。なんの努力もせずに医者や弁護士になれると思っている人はいないと思います。でも、投資に関してはさしたる努力もせずに利益を出せると思っている人はなぜかけっこういます。

投資を本業にしている人は、毎日毎日、朝から晩まで世界中の市場の動向をチェックして、世界の経済の動きや政治の変化、新しいテクノロジーや気象の変化、自然災害の有無、世界の地政学リスクの確認、あらゆる企業の業績、政治家の不祥事、為替や商品価格の動向など、これでもかというくらい情報を収集しています。

そして、状況を分析・判断し、夜中でも市場が大きく動いたり、市場に影響を与えそうなニュースがでたときなどは、睡眠時間を削って自分が投資している株などの価格の変動を確認する作業を続けています。

それだけやっても必ず勝つという保証がないのが投資です。

頭のよい人間が一生懸命努力すれば投資で儲けられるというものでもないのです。ヘッジファンドの世界でとても有名になったLong Term Capital Managementというファンドがあります。

ここは、ノーベル賞を取るほど頭のいい人達を集めて運用していましたが、世界の金融市場が壊れそうになるほど大損しました。ノーベル賞を取るような人が行っても勝てないのであれば、いったいどうすればいいのでしょうか。

値上がりしそうな銘柄を選び、投資するスタイルをアクティブと言いますが、プロが運用するアクティブファンドは、株価のインデックスに勝てるのでしょうか？

インデックスというのは、**とりあえず、上場している株を何も考えずに全銘柄買って持っているような感じだと思っていてください。**つまり、市場全体の平均の株を持っているということです。単一銘柄だけに投資するのと比べて、損益のブレが少なくなります。
上場している会社の中には、もちろん業績が上がる会社もあれば、下がる会社もあります。よい会社を選んで投資した方が単純な平均よりもよい結果が得られるはずだと思いませんか？　それもプロが一生懸命考えて選んで投資するのですからなおさらです。

S&P500指数という、アメリカの平均株価に投資するというインデックスがあります。**ところが10年の運用で、このS&P500指数に勝ったアメリカのアクティブ投資家は、3割くらいしかいません。**[*10]
欧州にいたってはもっとひどく、世界の株を10年運用してインデックスに勝ったのはなんと2%くらいでした。
日本のアクティブ投資信託のパフォーマンスもかんばしくありません。
『日本経済新聞』によれば、国内の個別株のアクティブ型投資信託では、パッシブ型のリターンを明らかに下回る商品の8割が、大手金融機関系列の商品と判明した、と報道されています。パッシブ型とは、株価指数などに連動させて運用する商品で、インデックスのようなものです。

こういう数字をみると、素人は株式投資をしても絶対に儲からないのではないかと思ってしまいませんか？

しかし、やり方はあります。

この例から言えることは、**何も考えずにインデックスに連動する商品を買って10年持っていれば、ほとんど（というと言い過ぎかもしれませんが）のプロの運用者に勝てるということです。**

出典

10. S&P Dow Jones Indices LLC SPIVA Europe Scorecard他より

投資の勉強をすると「しなくてもいい損をしなくなる」

ここまで読んで、夢がなくてがっかりした人もいるかもしれません。

しかし、投資の勉強をすることには、明らかにプラスのことがあります。**それは「しなくてもいい損をしなくなる」ということです。**

たとえば、コンスタントに利益を上げることがプロでも非常に難しいＦＸのような商品には手をださなくなります。

また、明らかに不当に評価が高い（買われすぎている）銘柄の株も買わずにすむようになります。

持っている資産のすべてをただひとつの銘柄に投資し、それが失敗して全財産を失うような事態も避けられるようになります。

次の章では、お金のリテラシーでもうひとつ大切な知っておくべきこと、「借金」について取り上げることにしましょう。

コラム　国債について

本書では「国債」という言葉が何度も出てくるので、ここで少し説明しておきます。

国債というのは文字通り「国の債務」つまり「国の借金」のことです。さて、国は借金なんかしてもいいのでしょうか？

政府が1年間で使っていいお金は、その年に得られる税金の分だけのはずです。もしある年に政府が税収以上にお金を使ってしまうと、翌年に使えるお金はそれだけ減ってしまうことになります。実はこのことは法律で決められていて、財政法という法律に書いてあります。

財政法第４条　国の歳出は、公債又は借入金以外の歳入を以て、その財源としなければならない。

これが守られていると、日本の債務が膨らむはずはないですよね。法律で禁止されているのですから。

実は「例外的に」国は借金をすることができます。

それは、小学校や橋をつくるような場合、つまり公共事業です。

たとえば学校や橋をつくるのに10億円かかるとします。そしてその橋や学校は50年くらい使えるとします。

もし、借金をしてはいけないということなら、そのお金が溜まるまで毎年少しずつ貯金をしないといけません。そうすると貯金をしている間は、国民は学校に行けないし、橋も渡れません。学校や橋をつくれるお金が溜まるまで貯金し続けた人達は、単にお金を払っているだけになります。

それはさすがに不公平ですし、学校や橋は早くつくった方がみんなのためになりますので、10億円借金して学校や橋をつくります。

学校や橋を50年間使うとしたら、たとえば先につくってしまったあと、返済期間を50年にして毎年２０００万円ずつ税収の中から積み立てておいて50年後に一括で10億円返済します。こうすると建設費用と公共で使えるという効用のバランスがよくなります。

確かにこういう使い方なら国が借金をしてもよさそうです。こういう目的で発行する国債を「建設国債」といいます。

実はさきほどの財政法第４条には続きがあります。

財政法第４条　**国の歳出は、公債又は借入金以外の歳入を以て、その財源としなければならない。但し、公共事業費、出資金及び貸付金の財源については、国会の議決を経た金額の範囲内で、公債を発行し又は借入金をなすことができる。**

出資や貸付金のために借金をしてもいいのは、そのお金は返してもらえるからです。では、純粋にお金が足りない場合はどうしたものでしょうか。いわゆる赤字補填目的の借金は法律で禁止されています。どうして国は国債を発行できるのでしょうか。

それは、特例法という法律をつくって無理やり借金しているからです。特別に法律をつくって発行するので、「特例国債」と言いますが、わかりやすく「赤字国債」とも呼ばれます。

国債はどれくらいの期間で借りるのかというと、基本的に60年です。

随分長い気がしますが、それは説明したように学校や橋やダムをつくるために発行するものだからです。

でも、60年国債なんて聞かないですよね。

60年間も返してもらえないのでは買う人がいなくなってしまうし、そんなに先の金利はいくらにしていいかわかりません。というわけで国債は10年満期で発行することが多くなっています。**世間でいう「長期金利」というのは10年国債の金利のことです。**

したがって、国債というのは10年満期のものを発行して、満期がくるたびに借り換えるという作業を5回繰り返して、ようやく返済となるのです。

でも学校やダムや橋ならいいですが、赤字の補填のために発行した国債の金利を60年も払い続けるというのはいかがなものかと思いますよね。

かくして発行される国の借金、国債ですが、どれくらい発行されているのか見てみましょう。

令和３（２０２１）年は（新型コロナ感染症の影響でちょっと特別なのですが）総額263兆円くらいです。

これはＧＤＰの半分くらいです。しかも、その中で借り換えるのが110兆円くらいです。これは「満期になったが返すお金がないので、同じ分だけまた借金する」ということです。

借りたお金を返せないときに、「ごめん、今お金ないから返すの来月でいい？」みたいなものです。この年の「してはいけない」借金は90兆円くらいです。さすがにこれは新型コロナが影響しているので、それを除くと大体35兆円くらいでしょうか。それにしても巨額です。

2021年の日本の国債（借金額）は263兆円

	令和3年度 3次補正後
新規国債	112兆5537億
建設国債	22兆5960億
特例国債	89兆9579億
復興債	7824億
財投債	40兆7000億
借換債	109兆292億
うち復興債分	2兆7254億
国債発行総額	263兆655億

単位：円

出所＝https://www.mof.go.jp/jgbs/issuance_plan/fy2021/issuanceplan201221.pdf
より著者作成

国債は発行時に償還《しょうかん》期限《きげん》と利率が定められていて、買った人はこれに応じた利息を受け取ることができます。満期になると元本を返してくれます。

投資をする上で、国債がはたす決定的な役割は「絶対に安全な投資」とされていることです（厳密には国が破綻することはあります。これについても第6章で別途説明します。安全度合いは格付け会社が国の格付けをしています）。

通常、誰かが借金をするときは「その人がどれくらい返してくれないリスク（信用リスク）があるか」に応じて利率が変わります。安全な人の金利は低くなり、危ない人の金利は高くなります。国債は、国は破綻するリスクがないので、そこに金利を上乗せする必要がありません。ですので、信用リスクはゼロになります。

昔の消費者金融などは年率が100％を超えてましたが、これは貸し倒れ、つまり返ってこないというリスクを高めに織り込んでいるからです。

国債の金利とは「信用リスクゼロ」という場合の金利です。つまり、他の借金と国債の金利の差が大きければ「その人の危ない度合い」も大きくなります。

また、信用リスクがないということは、国債の金利は、インフレの状態や景気動向を見る上で有効な基準になります。インフレのときは金利が高くなり、デフレのときは低くなります。景気がいいときは金利が高くなり、景気が悪いときは金利が低くなります。その意味では日本は20年以上景気が悪かったことが、国債の金利からもある程度わかるわけです。国債の金利は経済の体温計などといわれたりもします。

このような国債はだれが持っているのでしょうか。

令和4（2022）年6月では次ページの表の通りです。日銀が半分くらい持っていることがわかります。家計が持っているのは1%くらいしかありませんが、個人は、銀行や生保を通して国債を買っているので、間接的に個人が持っています。外国人が持っているのは7%くらいです。

国債を持っているのは誰か

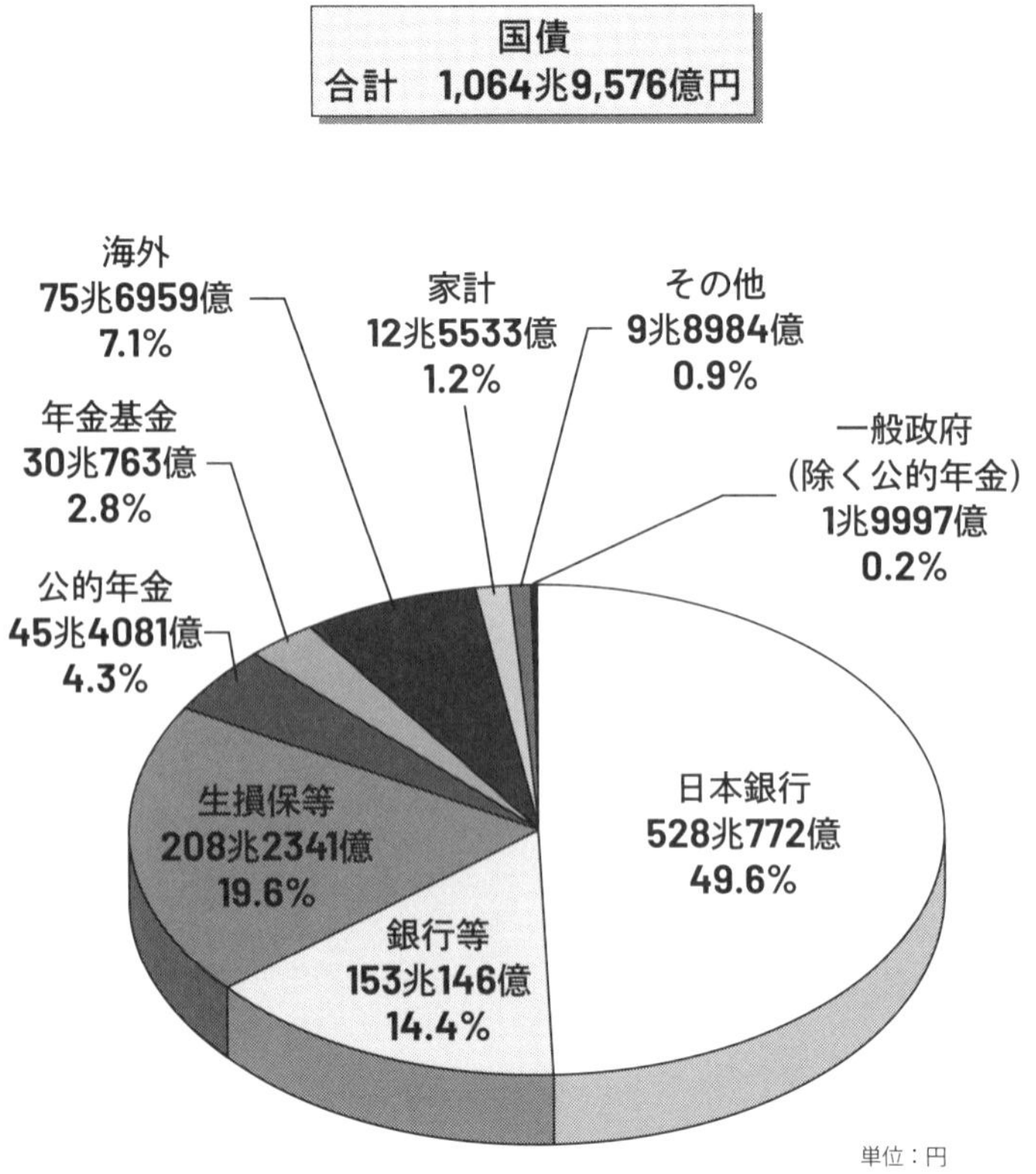

出所＝財務省　令和4年6末（速報）国債等の保有者別内訳
https://www.mof.go.jp/jgbs/reference/appendix/breakdown.pdfより作成

第3章

「お金を借りること」の本当の意味

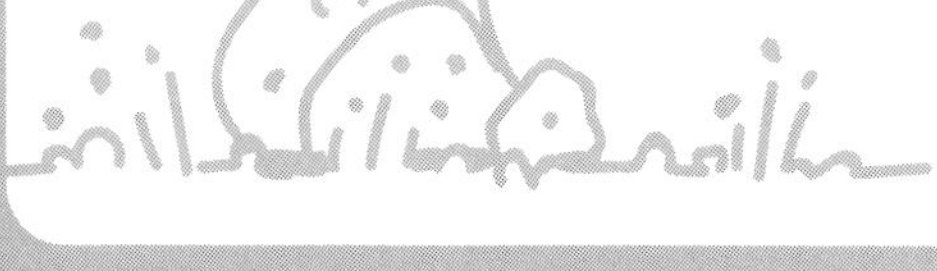

そもそも、借金はなぜ悪いのか

借金がよくないことなのは共通認識だといえると思いますが、資産運用という観点からも「借金は極めて悪い」といえます。

資産運用とは、預貯金や株式、債券、投資信託、不動産、貴金属、貸付、為替、金、商品、美術品、ゴルフ会員権といった対象にリスクを取って投資して、手持ちの資産を増やそうとする行為です。

できれば借金はしない方がいい、とはもちろんそうです。その中でも特に「運用で自分の資産を増やしたい」なら借金はともかく避けなければなりません。

どうしてでしょうか？

それはお金を借りるときには、「信用リスクを上乗せした金利」を払わないといけないからです。「信用リスク」とは国債のところで少し説明をしましたが、普通は借金をしたら、返ってこない可能性があるので、その分の金利を払わなければいけません。その「返ってこない可能性」を信用リスクといいます。

次に、金利の「大きさ」について考えます。

たとえば、国債を買うために、借金をするとします。もし、借金の金利がとても低く、たとえば国債の利回りより低ければ、いくら借金しても構いません。儲けの方が大きくなるからです。この場合は限界まで借金して、めいっぱい国債を買うべきです。

たとえば金利0.1%でお金を貸してくれる銀行があるとします。そしてその時に国債の利回りが5%だとします。

もし、金利0.1%で10億円銀行から借りることができれば、1年間で銀行に払う金利は100万円です。1,000,000,000×0.1% = 1,000,000 ですね。

一方、国債の金利は5%ですから、国債から入ってくる利息は1年間で5000万円です。

もし国債の利息が5%で、銀行の金利が0.1%だったら、借金すればするほど儲かる

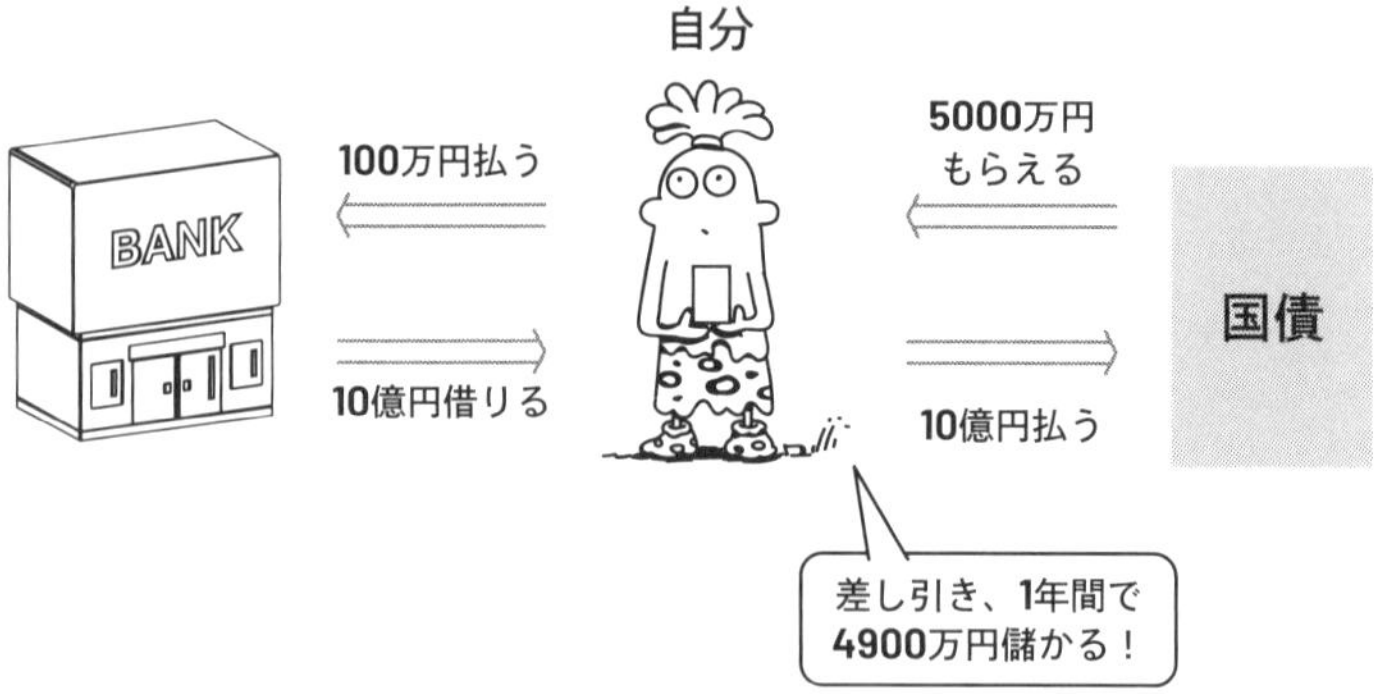

国債は、年間5000万円もらえることは確定しています。株とは違うので、景気が悪くなっても何があっても、国がなくならない限りもらえます。

でもそんなことは実際には起きません。銀行からすれば、リスクなしで確実に国が5%払ってくれるのに、個人に0.1%で貸すことはありえないからです。

なぜ銀行は個人にお金を貸してくれるのか

銀行は個人にもお金を貸してくれます。街を歩いていても、電車に乗っても、テレビを見ても「○○銀行のカードローン」という宣伝があふれています。どうしてあんなに宣伝しているのでしょうか？　それは、余程儲かるビジネスだからでしょう。でなければ、あんなに宣伝する理由がありません。

これはどういうしくみなのでしょうか。

そもそも、個人にお金を貸すのは国に貸すのに比べるとはるかに危険です。なぜなら、「個人はお金を返してくれないリスクが高い」からです。お金を貸す側にとって最も避けたいことは、相手が個人破産したりして貸したお金が回収できなくなることです。

仮に、金利を1年で10％取ったとします。つまり受け取る利息は元本の10％です。ここでひとり破産すると、利息分だけでなく、貸したお金自体も返ってこないので、予定していた儲けの10倍も損してしまいます。左の図を見てください。

たとえば10人に100万円ずつを金利10％で貸したとします。

そのうちひとりのJさんが破産してしまった場合の銀行の利益を計算してみましょう（計算を簡単にするために、破産はちょうど1年後に起きるものとし、貸したお金はまったく回収できないものとします）。

10人に貸してひとり破産した場合の損益　その1

	受け取り利息	元本損益	損益
A	10	0	10
B	10	0	10
C	10	0	10
D	10	0	10
E	10	0	10
F	10	0	10
G	10	0	10
H	10	0	10
I	10	0	10
J	0	-100	-100
合計	90	-100	-10

返済できる借り手から90万円

ひとり破産
⇓
貸し倒れ損失100万円

トータルで10万円の損失

10％という高い金利で貸し付けても
ひとり破産しただけで10万円の赤字

単位：万円

前の表を見ると、破産した人は元本も返せないので、10%という高い金利で貸し付けても、ひとり破産しただけで10万円の赤字です。

実際は、これほどシンプルではなく、銀行は貸し付け業務のほかに、預金してくれた人にも金利を払っています。

この金利を考慮した場合を考えてみましょう。Xさんが1000万円預金したとします。Xさんに払う金利を5%と仮定します。

そうすると図は次のようになります。

10人に貸してひとり破産した場合の損益　その2

	受け取り利息	支払い利息	元本損益	損益
X	0	-50	0	-50
A	10		0	10
B	10		0	10
C	10		0	10
D	10		0	10
E	10		0	10
F	10		0	10
G	10		0	10
H	10		0	10
I	10		0	10
J	0		-100	-100
合計	90	-50	-100	-60

銀行に預金した人（X）

銀行が払う利息（-50）

返済できる借り手から90万円（A〜I）

ひとり破産
⇓
貸し倒れ損失
100万円（J）

トータルで60万円の損失

損が60万円に。ひとり破産しただけで大損

単位：万円

ひとりが破産し、別の人に利息も払うとトータルで60万円の赤字です。こんなに損しては自分が潰れてしまいます。そうすると、破産する人が一定量発生するという前提で貸し付けるときの金利を考えないといけません。これが「信用リスク」です。

それでは、今回の場合でひとり破産しても銀行が損しないためには借金に対して、いくらの金利をとればいいのでしょうか。

試しに金利を1％上げてみましょう。

ひとり破産しても銀行が損しないためには いくら金利をとればいいのか？（金利を1%上げてみる）

	受け取り利息	支払い利息	元本損益	損益
X	0	-50	0	-50
A	11		0	11
B	11		0	11
C	11		0	11
D	11		0	11
E	11		0	11
F	11		0	11
G	11		0	11
H	11		0	11
I	11		0	11
J	0		-100	-100
合計	99	-50	-100	-51

銀行に預金した人

銀行が払う利息

返済できる借り手から99万円

ひとり破産
⇓
貸し倒れ損失100万円

トータルで51万円の損失

51万円の赤字。全然足りない

単位：万円

黒字になるまで金利を上げてみましょう。すると17%まで上げてやっと黒字になります。

黒字になるまで金利を上げるとしたら、
17%まで上げなければならない

	受け取り利息	支払い利息	元本損益	損益
X	0	-50	0	-50
A	17		0	17
B	17		0	17
C	17		0	17
D	17		0	17
E	17		0	17
F	17		0	17
G	17		0	17
H	17		0	17
I	17		0	17
J	0		-100	-100
合計	153	-50	-100	3

銀行に預金した人

銀行が払う利息

返済できる借り手から153万円

ひとり破産
⇓
貸し倒れ損失100万円

トータルで3万円の儲け

ようやく3万円の儲けになる

単位：万円

ようやく3万円の儲けになりました。

ふたり破産しても損をしないようにするには、32％にまでなります。

ふたり破産した場合

	受け取り利息	支払い利息	元本損益	損益
X	0	-50	0	-50
A	32		0	32
B	32		0	32
C	32		0	32
D	32		0	32
E	32		0	32
F	32		0	32
G	32		0	32
H	32		0	32
I	0		-100	-100
J	0		-100	-100
合計	256	-50	-200	6

銀行に預金した人（X）

銀行が払う利息（Xの損益）

返済できる借り手から256万円（A〜I）

ふたり破産 ⇓ 貸し倒れ損失200万円

トータルで6万円の儲け

32％の金利にしてようやくギリギリ黒字

単位：万円

「お金を借りる」とは、「破産して返せなくなった人」の元本まで返すことが含まれている

ここまでざっくりと、銀行がどのような考えでいるかわかったと思います。銀行は、破産して返してくれない人がある程度いるという前提で金利を設定します。**借りる側は、一部の「破産してお金を返せなくなった人」の元本部分まで、自分の利息に含めて銀行に払うことになります。**

借りたお金をきちんと返済している人は、他の人の面倒をみる義理などないですよね。しかし、銀行としては返してくれる人からもらうしかありません。もちろん銀行は、お客さんへの利息以外に、行員の給料などの経費もすべて賄わなければなりません。それも全部金利に上乗せします。

お金を借りるということが、かなり不利な行為であることがはっきりわかったと思います。

余談ですが、自分がお金を返す可能性が高い、つまり信用できるとわかっていたら銀行は金利を下げてくれるのでしょうか。

下げてくれるはずです。

先の例で、もし破産する人が100人にひとりであれば、銀行としては貸し付ける金利は7％もあれば十分です。

総金利収入693万円、総支払利息500万円、元本損失100万円で、差し引き93万円の儲けです。

お金を借りる側は恐怖、貸す側は大儲け、「複利」を知ろう！

「複利」というのは、金利が元本に上乗せされて、さらにそれに金利が発生するというものです。たとえば、1年の定期預金の金利が10％だとします。そこに100万円預けると満期のときに110万円になります。

金利　1,000,000×10％＝100,000
元利合計　1,000,000＋100,000＝1,100,000

満期になったら今度はその110万円を預けます。次の満期では金利が11万円もらえます。そうすると、元利合計は2年で121万円になります。**これが複利です。**

金利　1,100,000×10％＝110,000
元利合計　1,100,000＋110,000＝1,210,000

では、反対に借りる場合はどうでしょうか。

わかりやすいように極端な金利、テレビでも放映された『難波金融伝・ミナミの帝王』にでてくる「萬田金融」の金利「トイチ」で考えてみます。これは法律違反なので、いわゆる闇金になりますが、10日で10％の金利をつけるとしましょう。

この金利で複利で100万円、途中で返済せずに1年間借りるとどうなるでしょうか。


まず100万円借りるとします。

10日後の元利合計は110万円です。

その10日後は121万円になりますね。

これを36回、つまり1年繰り返すとします。そうするとトータルの元利合計は3000万円を超えます。

もし複利ではなく、ただ10日で10万円の金利を払うだけなら、1年間で利息は360万円ですが、複利になるととんでもないことになります。萬田金融から100万円借りて10日後に利息が払えなくて、「利息分も貸してもらえますか？」としてしまうと複利になるわけです。

これ以上の試算はさらに非現実的なのですが、仮に『闇金ウシジマくん』の「カウカウファイナンス」から10日で50％の金利、そして複利で100万円借りたとすると1年後の元利合計は約2.2兆円になります。

お金を借りているという感覚を持たせないことがポイント

リボ払いもやたらと宣伝されています。リボ払いとは、「返す額を自分で決めていいですよ」というものです。ネットでも、とても簡単にリボ払いに変更できるように設定されています。リボ払いしか選べないカードもあります。[*11]

どうしてそこまでリボ払いをさせたがるのでしょうか？

金融商品のところでも書きましたが、儲けのポイントは相手に値段の感覚を持たせないことです。高い買い物をしていること、不利な取引をしていることを意識させないことです。

お金をお金として貸すときは、「これは借金です。金利は○%です。ちゃんと理解して契約書にハンコをついてね」ということをするので、借りる方も比較的、金利に対する意識が高まります。

10万円のバッグを買うのに15%の金利でお金を借り、1年後に返したとしたら11万5000円で買うことになります。このとき、借用書に名前を書いてハンコを押して、1年後に11万5000円を返すとなると、自分が払っているコストを実感せざるをえませんし、「自分は借金をしている」という負のイメージは強くなります。

一方、リボ払いの場合は、「毎月いくら返済するかはあなたが決めてね。たとえば月5000円にしますか?」などと決められます。借りる方は「毎月5000円ならいいね」などと決め、無理のない返済額だし、それでほしいバッグが買えるなら安いものだ、というイメージを持つかもしれません。

[12]この場合でも結局15%でお金を借りているわけですから、払う利息率は基本的に同じですが、払っている金利に対するイメージはかなり違います。

リボ払いのカードについて

11. 1回払いは選べませんが、リボ払い金額をゼロと入力すると、実質的に1回になるというカードもあります。

利息について

12. 元本の返済のタイミングが違うので厳密には異なります。

投資という観点からは「貸す」方になりたい

複利で、しかも高利で借りると大変だ、という話をしました。しかし、これが逆の立場だったらどうでしょうか。これで運用できたらすごい儲けになります。

もし10日で10％の商品に複利で投資することができたら、100万円が1年間で3000万円になり、10日で50％なら1年で2.2兆円に増えることになります。

もちろん、そんなによい投資先というものはないです[★13]が、**借りる側と貸す側の圧倒的な違いを理解しましょう。**

複利の借金について

13. 萬田金融（『難波金融伝・ミナミの帝王』もカウカウファイナンス（『闇金ウシジマくん』も、一般庶民では絶対にできない地獄のような取り立てで回収するから成り立っています。そもそも非合法です。

住宅ローンもだめなのか

借金がそんなにだめだというなら、住宅ローンを組んでマイホームを買うのもよくないのでしょうか？

いくら借金はしない方がいいといっても、家を買うお金が貯まるまで貯金をしていたのでは、先に寿命がきてしまうかもしれません。そのような、「お金を借りざるを得ない」場合はどうしたらいいでしょうか。

その場合は、いろいろ考える必要が出てきます。

まず、「家を所有していることが大切なので、損得は関係ない。自分がずっと住む家を持つことに意味がある」というなら、のちに説明をする「固定」と「変動」のどちらで借りた方がいいのかを考える程度でいいでしょう。

もし損得、つまり投資として考えるなら、「これから不動産価格は上がる」と思う

なら買った方がいいですし、「これから不動産価格が下がる」と思うなら賃貸にすべきということになります。自分が大きな借金をするということは忘れてはいけません。

不動産価格の将来的な変動を予測するという非常に高度な判断が必要になります。

注意すべきは、将来の金利の動向や、インフレ、景気、人口動態、世界経済、政府の政策などです。長期的な不動産価格には極めて多くの要素が影響します。

そういうことに自信がない場合は賃貸にしておくのが無難だと筆者は考えます。繰り返しになりますが、これは不動産を投資として考えた場合です。「この家が欲しいから買う」というのであれば話は別です。

これは、競馬のように投資効率は悪いけれど、賭け事はワクワクして楽しいので、それにお金を払っているのだから勝ち負けは関係ない、という考えに近いです。

不動産の投資リスクはキリがない

不動産を「投資」として考えるとどうなるか、少し細かく説明します。

不動産の売買はとにかく取引コストがかかります。登録免許税といって不動産を登記するときに法務省に払う税金は、基準価格の2％です。売買手数料も通常は3％くらいです。さらにメンテナンスにもお金がかかりますし、固定資産税も毎年かかります。

もちろん住宅ローンを借り入れたら、金利も払わなければなりませんし、マンションであれば管理や修繕積立の費用もかなりかかります。これらは投資が面倒になる要素として効いてきます。その上、不動産の建物部分は、基本的に時間の経過とともに価値が下がっていきます。

このように、不動産の投資としてのリスクはキリがありませんが、ここでは、住宅ローンという借金の面から見ていきましょう。

住宅ローンは「変動か固定」どちらで借りるのがいいか

住宅をローンを組んで買うとすれば、次に考えるポイントは、金利が「固定」か「変動」かという点です。

もし手持ちのお金が少なく、目先の利払いを抑えたいなら、変動を選ぶことになります。

金利というのは基本的に長期金利よりも短期金利の方が低くなります。どうしてそうなるのかというのは、実は経済学者たちの論文になるくらいなのですが、それを承知で大変簡単にいうと、「長期の方が先のことはよくわからないから、その分バッファーとして金利を多く取っておく」というものです。このくらいを分かっておく程度で十分です。

お金を貸す方からすれば、1年貸すだけなら金利は1%でいいと思っても、20年だとしたらどうでしょうか。もしずっと同じ金利で貸せば、向こう20年でインフレになってしまうかもしれません。多目に取っておきたいと思うでしょう。

したがって、目先の利払いを少なくしたければ、変動金利を選択する人が多いでしょう。しかし、変動でお金を借りるということは「これから長い間ローンを返済し続けるが、その間にもし金利が上がってしまったら、支払う金額が増えるリスクを取る」ということです。

20年以上にわたって、そのリスクを取るというのはかなり危険です。

ちなみにこの原稿を書いている2022年の年末の時点では、アメリカの住宅ローンは金利がバンバン上がっています。変動で借りている人は大変なことになっています。

日本でも、日銀の大規模緩和政策の修正により金利上昇が見込まれ、住宅ローンの金利も上がるとの予測がされています。日銀が金利を上げたり、長期国債の利回りが上昇すると、住宅ローンや自動車ローン、教育ローンなどのローンの金利もそれに伴って上昇していきます。

ちなみに、住宅ローンの金利は銀行が貸してからの調達コストで決まります。調達コストが上がったら金利も上がり、しかも際限はありません。ただ、高くなりすぎると景気が悪くなるので、政府が政策で金利を下げるということはあります。

一方固定金利で借りる場合は、今の変動金利をずっと支払うよりも高い金利の支払いを約束することになります。

このように、どちらで借りればいいかということは借りる人の価値観によります。変動金利は、最初は安いが先が読めなくてたくさん払わなければいけないリスクがある、一方固定金利は将来にわたって変わらないけれど当面は高い、となります。

住宅を販売する側は売ることが優先で金利上昇のリスクは二の次

これを、「家を販売する立場」から見たらどうでしょうか？

家を売る方は、売ったときに全額代金を払い込んでもらえます。**つまり、家を買った人が、その後利払いで苦しくなろうが知ったことではありません。**

そうなると、目先の負担の軽い変動の方をお客に勧めるだろうと思います。

「これくらいなら毎月払っても平気でしょう」

「将来的に金利が多少上がっても、そのころには出世してお給料も上がっているでしょうから大丈夫ですよ」
という具合です。

長期でお金を借りると、金利の影響が甚大

日本はずっと低金利でしたので、金利が上がってきたときの住宅ローンへの影響を軽視しがちです。もし金利が変化したときの支払い額への影響を計算してみましょう。

マンションの値段が5000万円として、30年間の元利均等で返済するとします。

まず、金利がゼロだとすると5000万円を360か月で割ればいいので、月々の返済は13万8889円です。

これで金利を、1%ずつ高くして計算すると次ページの表のようになります。

金利を1%ずつ高くして計算していくと、個人の支払いの総額は以下のようになる

金利（%）	毎月（円）	総額（円）
0	138,889	50,000,000
1	160,820	57,895,114
2	184,810	66,531,505
3	210,802	75,888,726
4	238,708	85,934,753
5	268,411	96,627,892
6	299,775	107,919,095
7	332,651	119,754,449
8	366,882	132,077,623
9	402,311	144,832,071
10	438,786	157,962,883
11	476,162	171,418,211
12	514,306	185,150,267

つまり、金利が**12**%になると、
5000万円の借金を返すために、
全部で**1**億**8500**万円以上払う計算になる

金利が12％になると５０００万円の借金を返すのに、全部で1億８５００万円以上払うことになります。

逆に金利がゼロのときには、毎月13万９０００円くらい返せる人は５０００万円の物件を買うことができますが、金利が12％になってしまったら、毎月13万９０００円くらいが返せる能力の人は、１３５０万円くらいの物件しか買えないということになります。

長期でお金を借りる場合の金利の破壊力がいかにすごいかがわかったのではないでしょうか。ぜひ、ここを理解した上で、自分がどうしたいか考えてみてください。

借金をして不動産を買うことのメリット

ここで、借金をして不動産を買うことのメリットもお伝えしたいと思います。

この後の投資のところで説明しますが、不動産はインフレに強いのです。

不動産は、インフレになると価格が上昇する傾向があります。たしかにインフレになれば家賃も上がりますよね。家賃が上がるということは、不動産の価格も上がるということです。

その意味では借金をしてインフレ前に不動産を買うという行為は、インフレヘッジとしての意味はそれなりにあることになります。

もちろん、変動金利で借りてしまうとインフレ時にはその金利も増えてしまいますので、固定金利で借金をして不動産を買うというのが、インフレ対策としてはいちばんいい組み合わせになります。

それでは次章から投資の仕方についてお話ししていきます。

第4章

投資以前――
行動する前に
知っておくべきこと

大切なのは「投資は損するリスクがある」と心から理解すること

この章では、投資についての話をしたいと思います。

本書は金融リテラシーを上げる本です。複雑な構造になってしまったお金について理解したり、投資をする前に損をしないようにするためはもちろん、自分に投資が向いているかどうかを考えたり、あるいはどう資産防衛をするべきかや、どうお金を使うべきかなどを考えられるように解説しています。

これから紹介する投資にはさまざまな種類があり、中にはまったく関心のないジャンルのものもあるでしょう。しかし自分を守るためにも、お金により詳しくなること、そもそも投資はこういうしくみでできているものだということを知っておくのは悪いことではありません。

投資に関しては、本やウェブなどでさまざまな情報が出ています。「これをやれば誰でも簡単に儲かるプロが教える〇〇必勝法」といった類の本やコンテンツも多く氾濫しています。その背景には、楽して儲ける方法を知りたいという安易なニーズが根強くあるからです。

しかし、ここまで読んだみなさんはすでにおわかりだと思いますが、楽して儲ける方法などありません。それにもかかわらず、その手の情報はなくなりません。

SNSやウェブなどで、「なんだか怪しいな」と思ったことはありませんか？

たしかに、裏があるコンテンツもあります。また、金融機関も基本的に自己の利益を優先するために、どうしても顧客本位になりにくいというのはすでに説明した通りです。

ここでは中立的な立場から、いろいろな投資について冷静に説明しようと思います。

投資の基本は「短期の上げ下げは気にしない」ことと、世の中の動きを見ること

ここまで読んで、「投資って怪しいことばかりだな」と思われる人も多いかもしれませんが、先にも書いた通り、投資とはたいへんな知識と努力と経験が必要なものです。

まず事実はこうであるということを知っておき、その先で自分がどうすればいいのか、自分の頭で考えることが大切です。

ここでは、ざっくりと投資の全体の「基本」について述べます。

投資については、基本はとてもシンプルです。全体で覚えておくのは以下です。今は抽象的に見えるかもしれませんが、ぜひ頭に入れておいてください。

投資のプロではない人が投資をする場合は、**個別銘柄の株には投資しないこと**。そして、**長期投資し、短期で売買しないことです。とにかく「短期の上げ下げは気にしない」ようにしましょう。**

この3つをベースに、「長い目で世の中の動きを見極める」力が重要です。「長い目で世の中の動きを見極める」とはどういうことでしょうか。

それは、人口動態と、その国の金融システムが健全なのか危ないのかを見ておくことです。

すべての基本はこれだけです。

人口動態については調べるとすぐ出てきて比較的簡単にわかりやすいのですが、その国の金融システムが健全なのかには、少し知識が必要です。それは、のちほど8章で述べる「歴史」などを知って、自分の知識を高めることで身につきます。ぜひ、この本の中で、自分の足で立てる力を身につけてください。

投資は「どのリスクを許容するか」が大切

投資をする上で、ともかく肝に銘じておかなければならないことは「投資は失敗して損する可能性がある」ということです。しっかり覚えておきましょう。

投資はまず「何を買うか」ではなく「どのリスクを許容するか」です。自分が許容できるリスクを明らかにしましょう。リスクを許容できるとは、損もきちんと受け入れられる心を持つことです。

あたりまえのことをと言われそうですが、私の知りうる限り、投資をする際に、**損するリスクを明確に理解し、その損を受け入れ、かつコントロールすることができる人はかなり少数です。**

それができていない状態とは、

「儲かると思うので投資をする。そしてもし値下がりしてしまったらいつか値上がりするまで待てばいい。10年でも20年でも。そうしたらいつかきっと取り返せる」と考えることです。つまり、「値下がりしたら塩漬け」してしまうことです。

買った株の値段が半分になったときにもし売ってしまえば、損が確定してしまいます。なので、ともかく我慢する人が多いです。

もちろん、我慢したところで損失が解消する保証はどこにもありません。何十年経っても株価が全然もどらない銘柄も多く存在します。それどころか倒産してしまって株価がゼロになってしまう可能性もあります。

一方、うまいこと値上がりした場合は、10％くらい値上がりしたところで売ってしまい、（これを利食うといいます）もう少し待てばもっと値上がりしたのに取り損ねてしまうこともよくあります。

こうなると、株というものは「儲かるときは1割で、損するときは大損」、というゲームになります。勝てるわけがありません。これでは全体として投資が成り立たないことは明白です。

「下がる」リスクは、自分が管理するしかない

投資をするということは、買ったものが値下がりして損してしまうリスクとの闘いです。しかし、これまでお伝えしたとおり、証券会社などのセールスでは、値上がりして儲かる話を中心に聞くことが多いです。

もちろん値下がりする可能性のあるものを「絶対に値上がりします」といって勧誘するのは禁じられていますので、下がるリスク（ダウンサイドリスクといいます）も法律で要求されている範囲は説明しますが、あくまでそのくらいだと思うべきです。くどいようですが、証券会社のセールスは、自分の仕事を一生懸命やっているだけです。

ダウンサイドリスクは「自分で管理する」しかないのです。

また、ここまでも述べましたが、証券会社は手数料を取るという収益構造ですので、「お客さんができるだけたくさん売買してくれる方がいい」のです。ですので、とにかく常に新しく何かを買ってくれることが彼らにとっては大切なのです。

しかし、投資というのは一度決めて実行したら売ったり買ったりをむやみにせずに、ずっと持ったままにしているのがいい場合がほとんどです。取引コストはできるだけ少なくするべきです。

本当に大事なものを失う可能性がある場合、投資はしてはいけない

ここで、いちばんやってはいけない投資の例をひとつあげます。

ある時点で持っている現金が300万円だという人がいたとします。
それは半年後の結婚式のために何年もかけてコツコツ貯めた、理想の結婚式のための大事なお金だとします。それを、結婚式までに少しでも増やそうと思って、株式に投資する、というような例です。

これは絶対にだめです。
たとえば投資先として、投資の女神様とあがめられた天才投資家、キャシー・ウッドさんの運用するＡＲＫイノベーションファンドを選んだとしましょう。実際に見てみましょう。

もしARKイノベーションファンドに投資していたら…

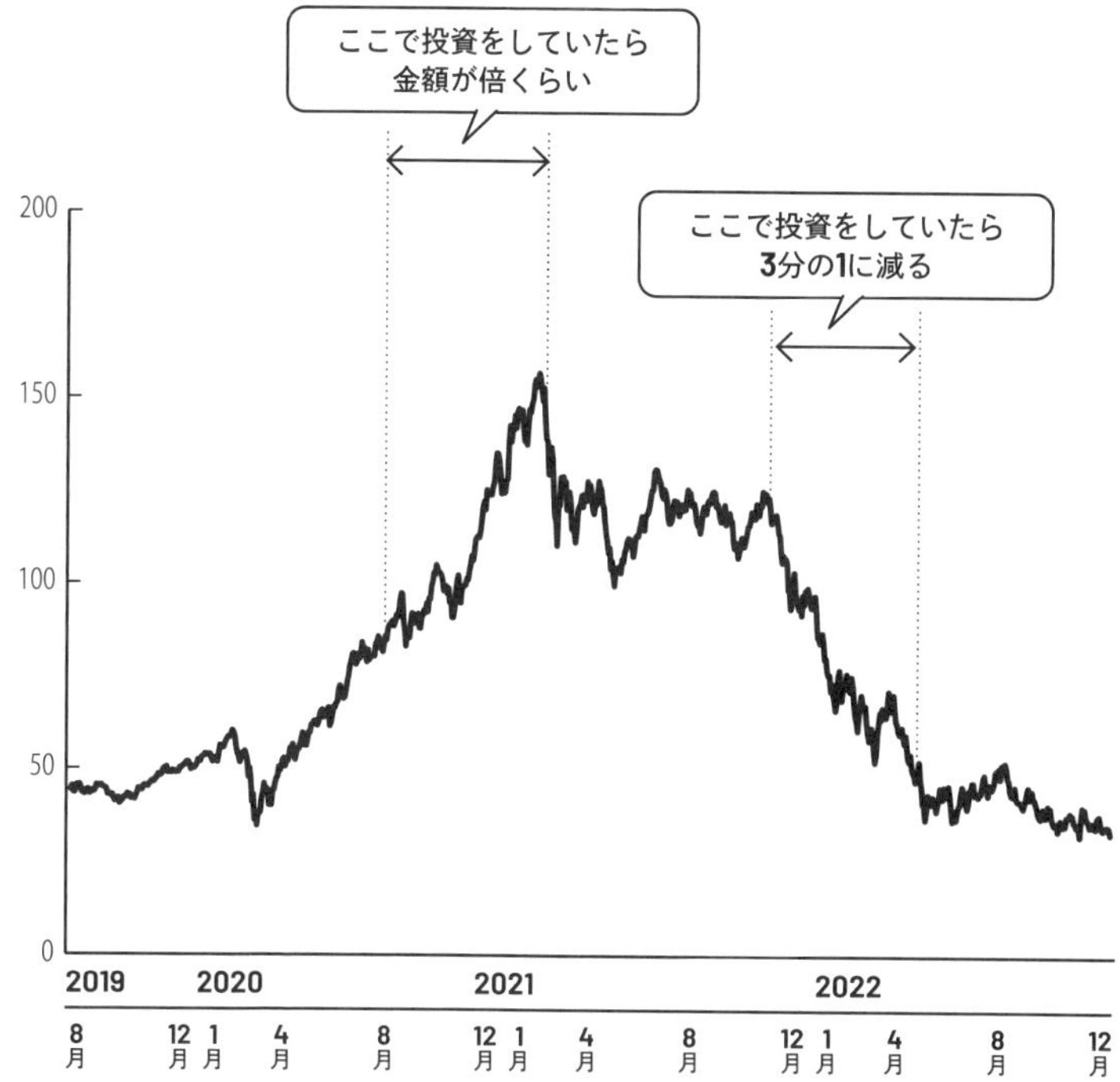

出所＝ブルームバーグ等のデータを基に筆者作成

もし結婚式が２０２１年の２月で投資をしたのが２０２０年の８月だったら、わずか半年で投資した金額が倍くらいになっていました。予定よりもはるかに豪華な結婚式にできたことでしょう。

ところが、もし結婚式が２０２２年の５月で、投資を始めたのが２０２１年の11月だったらどうなるでしょうか。

値段は120から40、つまり約３分の１になっています。結婚式のためにコツコツためた300万円が100万円に激減します。これでは、予定していたよりもはるかに残念な結婚式をするしかありませんし、結婚式そのものを諦めなくてはならないかもしれません。

倍になる可能性があるとしても、自分にとって「大切な結婚式」のために、こんなリスクは取るべきでないことは容易にご理解いただけると思います。

同じようなことは子供の大学入学の資金にもいえます。

子供が一生懸命努力して、ついに第一志望の大学に合格したとします。その日のために親は必要な入学金や学費の300万円を貯めていました。これを少しでも増やそうと思って、株に投資するようなこともやってはいけません。

学校に行くためのお金を苦労して貯めたのに、投資に失敗してしまったら、入学を辞退させるようなことになりかねません。

「そんなに脅かされたら何もできないじゃないか」

「それでは現金抱えておとなしくしていろというのか」

と、お叱りを受けそうですが、ともかくリスクについてはこれでもかというくらい認識しておいた方がいいのです。

競輪・競馬は、主催者がいちばん儲かるビジネス

株式や債券投資以外にも、不動産や商品などいろいろ投資先はあります。ここでまず、競馬や宝くじは投資先としていいものか、少し考えてみましょう。競馬や宝くじも、リスクを取ることにより、自分のお金を増やそうとする行為という意味では投資といえるかもしれません。

競馬や競輪を考える上で大事なのは、期待値です。

期待値というのは、ざっくりいうと「集めたお金を、賞金としてどれくらい払い出すのか」というものです。競輪や競馬の払い出しは、集めたお金のうちのおおよそ75%が期待値と言われています。

たとえば、馬券を1枚1万円で買う人が100人いたとします。これだと、開催者の売

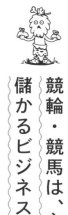

上は100万円ですね。

競馬の期待値通りに75％を払い出すとすると、当たった人に総額として払うのは75万円です。残り25万円は競馬を開催している人の取り分になります。

仮に開催者の取り分の25％は変えずに、しかし馬券を買った人全員がなにがしか当たるしくみにしようとしたとします。

賞金75万円を100人で分けると、全員が1万円出して7500円返ってくることになります。つまり全員が25％を損するようになります。

このように、競輪や競馬は運営する側からすれば、人数をたくさん集め、やればやるほど「確実に儲かる」ビジネスです。公営ギャンブルは国や自治体がやっているのでそれらの歳入になります。だから国などが独占しているともいえます。

ここで、競馬や競輪を株にたとえてみましょう。

もし株だと、1万円の株を買うのに1万3333円も払わされるようなものです。25％も上昇してようやくチャラになります。逆に25％下落したら44％の損です。

つまり、とんでもなく効率の悪い投資ということになります。

これは、100円玉を投げて「表がでたら150円がもらえる、裏がでたら1円ももらえない」というゲームの参加費が100円、というようなものです。150円をもらえる確率が2分の1なので、期待値が75円というわけです。

こんなゲーム、参加したいでしょうか?

2分の1の確率で100円を取られてしまうなら、心情としては勝ったときは200円以上もらわないと割りが合わないと思いませんか?

投資としてはまったくだめです。

したがって、競馬や競輪については、

「効率の悪い賭けで、損するのがわかっているけど、馬券を買ってドキドキしながらレースを見るのが楽しいので、損してもいいと思っている。ごくたまに少し儲かることもあるし」

とわかった上で、娯楽として楽しむと決めているならOKです。

UFOキャッチャーのようなものと思うと近いかもしれません。

あれも買い物として捉えると、非常に効率の悪い買い物です。原価100円くらいのぬいぐるみを取るためと考えると効率が悪いです。一度で取るのは難しいし、必ずしも取れるわけではありません。費やすお金とスキルを考えると、自分でぬいぐるみを買った方がいいでしょう。でも、遊ぶのが楽しいのです。

競馬や競輪も、このようなゲームに近いといえます。

宝くじはどのくらい効率が悪いのか

それでは、宝くじで大金を狙うのはどうでしょうか。これも、テレビで有名人などをたくさん起用して宣伝をしています。

宝くじが、賞金として払い出すお金はどれくらいでしょうか。

試しにひとつ計算してみましょう。

次の表で、1等賞が5億円の宝くじの例を見てみましょう。

5億円当たる人は24人です。宝くじには所得税もかかりません。

1等5億円の宝くじの配分

賞金（円）	本数	金額（円）
500,000,000	24	12,000,000,000
100,000,000	48	4,800,000,000
100,000	2,376	237,600,000
50,000	2,400	120,000,000
3,000	2,400,000	7,200,000,000
300	24,000,000	7,200,000,000

賞金総額	31,557,600,000
販売額	72,000,000,000
期待値	44%
主催者の取り分	40,442,400,000

この表を見ると、売上合計720億円に対して、賞金として払い出すのはなんと316億円くらいしかありません。この宝くじを売っている人は、自分たちの取り分を400億円以上も抜いていることになります。

仮に、お金持ちがひとりで全部の宝くじを買い占めたとしたら、なにが起きるのか考えてみましょう。

買い占めるのに必要なお金は、720億円、戻ってくるのが316億円です。**すべての当たりくじを自分で持っていても半分以上損をします。**

これもまた恐ろしく効率の悪い投資ということになります。5億円が当たる人が24人いますが、販売する宝くじの枚数は2億4000万枚ですので、1000万人にひとりしか当たりません。

投資対象としてはまったく候補にならないことがわかります。

ＦＸは儲けも大きいが、損も大きい

投資として、ＦＸはどうか考えてみましょう。

ここまでＦＸは、読みにくい、最も難しい投資であると言ってきました。しかしＦＸは、しかしその難しさに関係なく、投資の一形態として定着しています。

ＦＸは為替の変動に賭けるゲームですが、投資対象としては不適切です。

これにはふたつの要因があります。

その１　レバレッジを掛けること

その２　その結果、短期の相場変動に賭ける投資になること

詳しく見ていきましょう。この1と2は密接に関係があります。

まず、レバレッジを掛けるとは、要するに「借金をして投資をする」ということです。

そもそもレバレッジとは「梃子《てこ》」という意味です。基本的に博打やギャンブルというのは自分のお金を賭けるものですが、手持ちのお金が少ししかないと、大きく儲けることはできません。レバレッジとは、大きく賭けるためにあります。

たとえば手持ちのお金が10円しかなく、勝ってもらったお金はすべて次の勝負の賭け金として使うという賭けをしたとしましょう。FXとは、この例のようなゲームです。

そして、ルーレットの赤黒に10回賭けるとしましょう。為替は上がるか下がるかの二択ですので、赤か黒かに賭けるルーレットに似ているところがあります。

奇跡的に10回すべて勝つとします。

勝ち1回目　10円×2＝20円
勝ち2回目　20円×2＝40円

勝ち3回目　40円×2＝80円
勝ち4回目　80円×2＝160円
勝ち10回目　5,120円×2＝10,240円

これだけ奇跡の連続が起こって、やっと1万240円の儲けです。

このFX風ルーレットでは、勝ったお金はすべて次の賭け金として使っていますので、途中で1回でも負けると自分のお金はゼロになります。

計算式は省きますが、この賭けは1024分の1023の確率で有り金がゼロになります。そして1024分の1の確率で1万240円になります。また、負けてすべてのお金を失う可能性は99・9%です。

こんなに確率の低い勝負をする人はほぼいないでしょう。いても99・9%の確率で負けです。

もし、1回だけの勝負なら勝てるかもしれないと思ったとします。それなら勝率は

2分の1です。でも10円しか持ってないので、勝てても儲けはとても少ないです。

ここで、レバレッジを効かせるべく、お金を借りたらどうでしょうか？

たとえば100万円を借りてみます。

100万円を借りて1回勝負をしたら、2分の1の確率で勝ち、200万円になります。借りた100万円を返したとしても100万円の儲けです。

しかし、これには問題があります。それは、負けたときに100万円を一気に損してしまうことです。負けると、いきなりまるまる借金が100万円になります。

もし100万円を借りて車を買ったなら、100万円の借金があっても100万円で買った車が手元に残りますが、ルーレットで負けた場合は手元には何も残らず、借金の100万円だけが残ります。

このような博打は大変危険だと思う人が多いでしょう。

しかし、ざっくりいうとFXはこういう賭けと同じです。

この博打には決定的な欠陥があります。お金を持っていない人に100万円ものお金を貸してくれる人を探さないといけないのです。そんなに都合よく、博打の賭け金を貸してくれる人はいません。[14]

しかし、この構造はそのままで、賭け金を貸してくれるというしくみを持つのがＦＸです。次にざっくりと説明してみます。

賭け金について

14. 日本の民法では賭博目的と知って貸したお金は基本的に返してもらえません。この場合は闇金でもないと貸してくれません。

FXのレバレッジとは、「借金をしてする賭け事」と同じ

たとえば全財産で1万円だけ持っている人がいたとしましょう。その人に99万円貸します。すると、その人の財産の合計は100万円です。

そのお金で為替の勝負をします。

為替レートはちょうど1ドル100円だとします。

まずはその人は、ドルが値上がりすることに賭けました。そして1万ドルを買うことにしました。もしその後、1ドルが101円に上がると、1ドルにつき1円の儲けです。

これを、1万ドル買っているわけですから全体では1万円の儲けになります。

つまり、元手が1万円しかないのに、為替が1円動いただけで倍になったということになります。このままどんどんドルが上がって120円になったとしたら20万円の儲けになり、元手の20倍になります。

さて、問題は値下がりしたときです。仮に10円くらいドルが値下がりしたとします。この時点で売却すると90万円です。100万円で買ったものを90万円で売るわけですので、10万円の損失になります。

これではこの人は借金を返済できません。借りた人は自分のお金を1万円しか持っていないので、お金を貸した人は9万円を損します（焦げ付きといいます）。

実は、FXにはこういう場合、もっと早く取引を解消して、お金を貸した人が損しないというルールがあります。

お金を借りた方が耐えられる損失は、金額では1万円です。100万円分のドルを買っているわけですから、為替レートでいえば1ドル99円、つまり本来なら1円の値下がりにしか耐えられません。

お金を貸した方は、それ以上損されると貸したお金を回収できなくなるので、損をしたらすぐ問答無用で買ったドルを売却します。最初の手持ちの1万円分のドルも含めてです。

つまり、自分が賭けた方と反対方向にドルが1円動いただけで、全部の賭け金を失うというルールです。

このように、ＦＸには、お金を貸した方が取りっぱぐれないというしくみがあります。この構造を考えた人は、すごいビジネスセンスだと思います。

ＦＸ業者からするとお客さんが有り金を全部すっても、自分たちはちゃんと儲かるようなしくみです。反対に、やる方はあっという間に元手を全部なくしてしまいます。

ここでの例は計算を簡素化するために、レバレッジを100倍で計算しています。今は法律が改正され、レバレッジは元本の25倍くらいまでに制限されています。

為替はもっとも読めない

でも、「ＦＸはルーレットのように運でやってはいない。きちんと為替の未来を読んでの投資ではないのか」という意見もあると思います。ただ、ＦＸには、長い期間で大きな経済の流れを予想して為替の勝負をするという余裕はありません。極めて短期的な為替変動で勝負するしかないものです。

為替というのは短期の相場変動を予想するのには極めて不向きです。為替の短期の変動は**需給に大きく左右されますが、市場参加者が多すぎて、次の瞬間に「誰がいくらだけ売るのか、買うのか」は誰にもわかりません。**そんなことを予想することは不可能と言ってもいいでしょう。

また、為替には実需と投機があります。

実需というのは原油を輸入するためにドルを買わないといけないとか、自動車を売った対価としてドルが入ってきて、それを円に替えるというような、文字通り実際の需要があって行う取引です。

投機というのは、「今ドルを買うと値上がりしそうだから、値上がりしたら売って儲けよう」という目的で為替取引をする場合です。

この投機の比率は、実需のなんと10倍くらいです。ＦＸの取引も投機に分類されます。

このようにいろいろな取引動機を持った売買が交錯するわけですから、いつ誰が売ったり買ったりするかわかりませんし、投機筋はちょっとしたニュースでコロコロ動く方向が変わります。

短期の動きともなると、この投機筋の動きのほかに、消費者物価指数（ＣＰＩ）の数字やＦＲＢ議長の発言、政治家の発言、株価、商品価格、天候、地政学リスクなど、あらゆる要素で予想外の動きが多くなります。

したがって、短期の動きを当て続けるのはどんなプロでも不可能です。できたとしてもまぐれです。

また、理論的なアプローチも行いにくいのが為替の難しいところです。いわゆるファンダメンタルズ分析[★15]というものですが、それすらうまくいかないことが多いです。

第1章で、購買力平価の話をしました。ビックマック指数として説明をしたものですね。

為替の世界で唯一論理的に為替レートを計算できるかもしれないと思われている購買力平価ですら、実際の世界では理論値通りにはなりません。ならないどころか大きく乖離しているのが現状です。

たとえばトルコリラなどは、購買力平価で計算したレートより実際は圧倒的に安くなっています。また、ドル円で見ても購買力平価では90円くらいであるはずのものも、実際は145円くらいになったりします。

ところで、現在（2022年12月）アメリカと日本ではインフレ率に差がありますね。

アメリカのインフレ率の方が日本よりも高くなっています。

たとえば、ある時点で1ドル100円で、ビッグマックが日本で100円、アメリカで1ドルだったとします。1年後にビッグマックが日本で100円で据え置き、アメリカでインフレで1.5ドルに値上がりしたとします。

もしそうなら100円と1.5ドルが同じ価値のはずなので、1ドルは67円くらいの円高になるはずですね。**つまりインフレの激しい方の通貨が安くなるはずなのです。**

ビックマック指数で、各国通貨と米ドルの価値を比較した場合

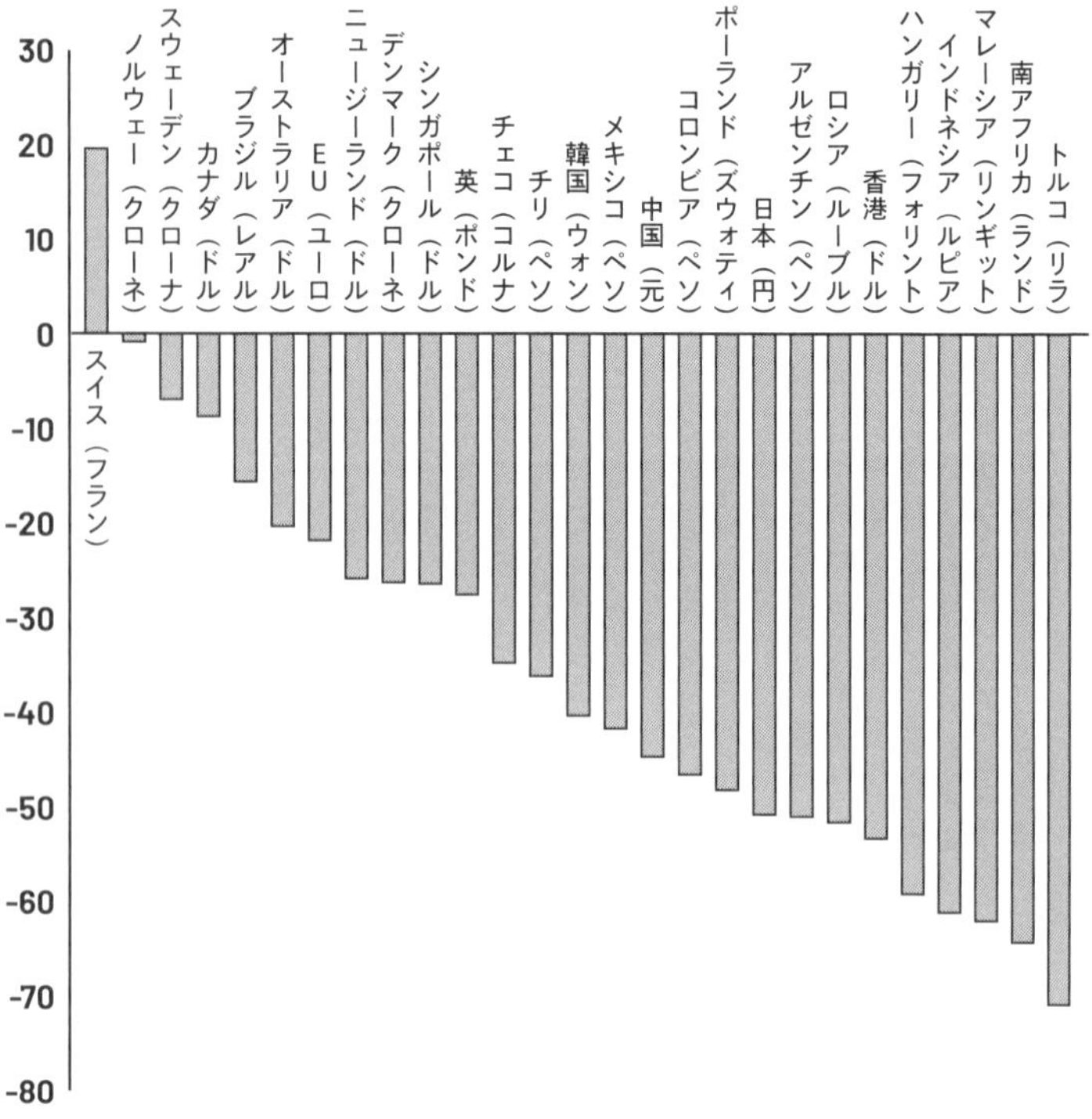

出所＝ブルームバーグ等のデータを基に筆者作成（2022年12月時点）

でも、実際は逆で急激な円安が進行しています。

右の図はビックマック指数でみた世界の購買力平価ですが、スイス以外のすべての国で米ドルが圧倒的に割高になっています。

たとえばビックマックはアメリカで3・99ドルで日本では400円だったとします。そうなると1ドル100円のはずですが、この図で見るとドルは理論値よりも約50％割高だということになります。

ファンダメンタルズ分析

15. ファンダメンタルズとは、国の経済状態などを表す指標のことで、「経済の基礎的条件」と訳されます。
国や地域の場合、経済成長率、物価上昇率、財政収支などがこれに当たります。

ファンダメンタルズをもとに為替などの値動きを予測することをファンダメンタルズ分析といいます。

ＦＸはルールが簡単そうに見えるが、勝ちは少なく損をするときはあっという間

もちろろん、運が良ければ、たまたま自分の賭けている方向に相場が動くこともあります。ゲームの例で見たとおり、ＦＸは元手にくらべて儲けも大きくなるので、麻薬のような喜びが生まれます。

たまに勝つことがあるというのが、この投資のまずい点です。必ず負けるとなると誰も手を出しませんが、勝つ可能性があるため、損した人も、「次の勝負に勝って取り返せばいい」と思いがちなのがＦＸの怖いところです。

また、為替は上がるか下がるかしかない、つまり単純なゲームだというところも手を出しやすいのではないかと思います。為替は丁半博打のようなもので、当たる確率が2分の1のような気がしてわかりやすいのです。ドルを買っていた場合、ドルが値上がりしたら儲け、下がったら損だというのはとてもシンプルです。

さらに投資のプロではない人の多くは、少しでも儲かるとすぐに売って（利食って）しまい、儲けを大きく取らないのが一般的です。たとえば2円値上がりしたあと、1円下がって、含み益が半分になってしまうと不安になって売ってしまうような場合が多いです。

つまり、FXとは、

「勝ちは少ないが負けは大きく、損するときはあっという間に賭け金をすってしまう。そして方向を合理的に当てることは不可能」

という勝負になってしまうのが、典型的なパターンではないかと思います。

ではなぜFXをやらせようとする業者があとを絶たないのでしょうか。

それは、業者にとってはもっともリスクが低く、収益性の高い商売だからです。

まずは、お金を貸すのが業者です。その分の金利が取れます。

その上、業者は顧客が売買する度に少し鞘を抜けます。相場変動リスクももちろん取りません。したがってFX業者は、顧客がFXをやればやるほど、ほぼリスクフリーで儲かるというしくみです。大手のネット証券では、営業利益の３割がＦＸというところもあります。

ですので、ＦＸは個人の資産形成のための投資対象としてはまったくおすすめできません。

不動産投資の最も大きな落とし穴とは

次は不動産投資です。不動産投資で知っておくべき、最も大きな落とし穴とは何でしょうか。

それは、不動産が買った値段よりも値下がりする可能性があるという点です。こういわれるとあたり前のことに感じると思いますが、しっかり理解しておきましょう。

国債などの「債券」は、株とは違って発行者が倒産でもしないかぎり元本が返ってきます。つまり相場の変動などで投資元本が減ってしまうことはありません。

金利についても、はじめに決められた額が、決められたタイミングで支払われますので、利率の分がきちんと投資元本に対するリターンとして投資家に入ってきます。

しかし、不動産や株は、常に価格が変動します。バブルのときのように狂ったように値上がりすることもありますし、暴落することもあります。満期に返してもらう額が決まっている日本国債と違って「利回り」は大きく変動することになります。

ここで不動産の投資利回りについて簡単な例で計算してみましょう。

まずは利回りの説明です。利回りとは、投資元本に対して、最終的にいくらの金利で運用できたかを示すものです。具体例で説明します。

基準として、国債に投資して満期まで持って、満期に元本を返してもらうパターンから考えてみます。

この国債は、例として1年満期の国債で金利が1％だったとします。

額面1億円の国債を1億円で買い、金利分で100万円をもらい、1年後に1億円償還されたとします。この場合の利回りは1％です。国債の金利と利回りは同じになります。

では次に1億円で不動産を買い、それを誰かに賃貸して1年後に1年分の家賃100万円をもらって、その不動産を売ってしまう場合の利回りはいくらでしょうか。

もし、買ったのと同じ1億円で売却できれば売却損が発生しないので、この場合の利回りは1％となります。

ところが、その不動産が1年間で値上がりして、1億1000万円で売れたとします。その場合は、売却益1000万円と家賃収入の100万円が合計の儲けになりますので、利回りは1100万円÷1億円＝11％となります。

では値下がりした場合を考えてみましょう。

1億円で不動産を買い、それを誰かに賃貸して1年後に1年分の家賃100万円をもらうまでは同じとして、売却したときに値下がりして9000万円でしか売れなかったとします。

その場合は、売却損1000万円と家賃収入の100万円で合計900万円の損失になりますので、利回りは－900万円÷1億円＝マイナス9%となります。

このように国債と投資用不動産はまったく別の投資対象であって、同じ目線で比較してはいけません。

「国債の金利も定期預金もほとんど金利は付かないのに、投資用不動産を買えばなんと想定利回り7％です！」[16]と比較して営業するのは販売方法としては不親切と言わざるをえません。

あえて比較するなら、投資不動産の想定利回りが、日本国債よりも7％高かったとしても、建物の修理代や固定資産税などのコストが年率2％くらいかかれば実質5％です。となると1年後に不動産価格がもし5％以上値下がりしてしまうと、もらった家賃分と同じくらいの金額が値下がりしてしまったわけですから、投資しない方が良かった、ということになります。

実は不動産は、バブル状態になると「賃料収入が国債の金利よりも低くても、どうせ更地の不動産価格は上がるのだから買おう」という投資行動を取る人が出始めます。不動産価格は値上がりし続けない限り損をするものです。しかしこういう状況でバブルが弾けて価格が暴落すると、とんでもない不幸な状況がやってきます。本書は2022年に原稿を書いていますが、この時点で中国の不動産市場はかなり危ないにおいがプンプンしています。

結局、投資用の不動産は、つくって販売する人がいちばん儲かります。土地も建物も仕入れた値段よりも高く販売ができ、そこで利益が確定できるからです。**そこからの不動産の下落リスクは投資家に押しつけられます。**

シンプルに考えると、投資家が投資用不動産で儲かるのは、不動産の値段が上がったか、値下がりしていない場合だけです。一見、利回りのよい投資先を見つけたような気になりますが、結局不動産の値上がりに多くをかけているだけです。

しかし、不動産の値段が必ず上がる保証はどこにもありません。

そうでなければ投資用不動産がたくさん売れ残っているわけがありません。
その上、投資用不動産は基本的に借金をして買うことになるので、危険の度合いがさらに高くなります。当然ですが、不動産のようなリスク資産に、借金までして投資するのは、大変危険な行為です。

不動産の利回りの説明

16. そういうことを説明しないのは違法ではないのかと思われるかもしれませんが、投資用不動産のチラシや広告にはきちんと「想定利回り」と書いてあり、チラシや広告のどこかに、「あくまで想定利回りであって、実際の利回りは不動産価格が下落した場合は下がるもしくはマイナスになる可能性があります」と必ず書いてあります。字は小さいかもしれませんが……。

株について知ろう

さて、投資といえばまず思い浮かぶのは、「株式」です。

株で確実に儲ける方法はないのでしょうか。

唯一あります。それは、インサイダー取引です。

公開されれば、「確実に株価が上がる情報」というのがあります。企業が画期的な商品を開発したというようなものです。

たとえば、「どんなガンでも確実に治る」や、「1週間で確実に美しく痩せる薬」などが発明されたら、その会社の株価は天井知らずで上昇するでしょう。

もしそういう情報を、事前に知ることができるなら確実に儲けられます。

実際に、昔はインサイダー取引は世界中で行われていました。証券ビジネスの醍醐味はインサイダーだといわんばかりです。

ロスチャイルドに巨万の富をもたらしたのはイギリス国債の空売り（空売りについては次のコラムで説明）でしたが、ワーテルローの戦いにイギリスが勝利することを誰より先にロスチャイルドが知っていたからこそできたインサイダー取引といえます。

実は数十年前までは、アナリストもインサイダー情報の宝庫でした。

トップアナリストともなれば対象企業のトップや企画部門と深いレベルで情報交換しています。また、企業の方もライバル会社の情報を知り尽くしているアナリストと話をしたいに決まっています。

こうして腕のいいアナリストには、どの会社よりも担当するセクターの情報が集まり、買収や合併についてもアドバイスを求められるくらいになります。そうなると、当然インサイダー情報も知っているという状態になります。

投資家からしても、情報を持っているアナリストから話を聞きたいに決まっているので、トップアナリストはそれは優遇されていたものです。ところが、さすがにそれはいけないということになり、インサイダー取引に関してはやりすぎともいえるレベルで世界中で規制がかかるようになりました。

日本では刑事罰の対象になり、その結果、もはや現代のアナリストは一般的な投資家が知っている以上の情報は得ることができません。

また、インターネットが発達したおかげで企業の財務情報などは公表と同時に瞬時に世界中の人が手にすることができます。限られた人のみ参加が許された決算説明会すら、ネットで同時公開されています。今やアナリストは投資家のために会社のアポを取る係、と揶揄《やゆ》されるほどです。

もちろん、今の時代でも業界に対する深い知識や分析力を持ったすばらしいアナリストはたくさんいます。昔のような情報のアドバンテージがなくなったというだけです。

つまり、現在では「インサイダー情報を使って確実に儲ける」ということはできないと言えます。「銀行強盗をする」のと同じくらいできません。やれば捕まるのです。

コラム　空売りについて

空売りというのは、「この商品は値下がりする」と思った場合にお金を儲ける方法です。普通は上がることを予想して買いますが、下がった場合を予想するときもあります。値上がりを予想する場合は値上がりする前にそれを買って、値上がりをしたらそれを売却すればよいわけです。

反対に下がると予想したときは、株を一度借りてきて売却します。

たとえば投資家XがAという会社の株がこれから下がると確信したとします。そこでXはA社株をたくさん持っているYからその株を借りてきます。

次に借りてきた株を市場で売却します。1株1000円で売れたとします。そしてその後、Xの思惑通りA社株が暴落して100円になったとします。

そこでXは市場からA社株を100円で買い戻して、Yに借りた株を返済します。こうすると下がる株を利用してお金を儲けることができるわけです。

空売りは、「値下がり」を当てると儲かる

売った日にはその株は1000円だが、
その後100円になると予想

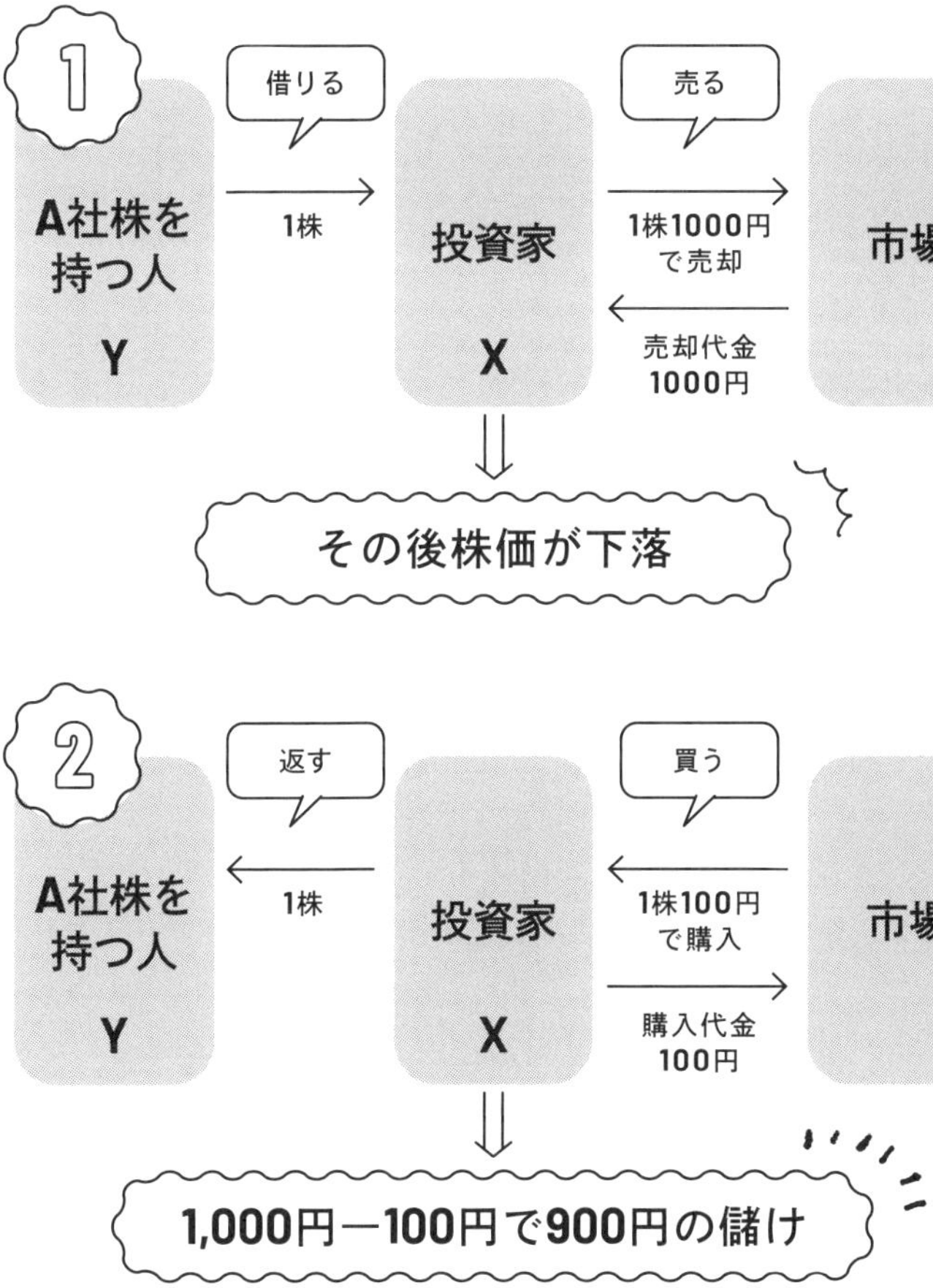

※正確には貸株料が借りた期間に応じて発生します

個別銘柄の株の価格変動を当てることは諦めた方がいい

では、株を買うときはどうすればいいのでしょうか。

すでに上場している銘柄の中から、さらに値上がりする銘柄を個人が当てようとするのにはかなり無理があります。

それは、現在の市場参加者の大多数は、いわゆるプロの機関投資家たちだからです。朝から晩まで、それどころか夜もろくに寝ないで投資に命を懸けているような人達もいます。そういう努力を専業でしている人と競って、素人が勝とうとするのには無理があります。

本当にすごい投資家がやっていること

筆者の金融人生で出会ったプロの投資家の中で、「この人には絶対に勝てないし、一生追いつけない」と思った人が何人かいます。

そのうちのひとりの話を少し紹介します。トランプ政権の誕生も、リーマン・ショックも、その後の相場の動きも、大企業の倒産もことごとく言い当てた人の話です。とてつもない投資リターンを長年にわたって叩き出した、まさに神が降臨しているのではないかと思うほどの人でした。

その方は、子供のころから金融がとても好きだったそうです。小学生で企業財務に興味を持ち、『会社四季報』をすべて読み込み、日本の全上場企業の過去10年分くらいの財務と経営者、株主の状況などがすべて頭に入っていたといいます。この時点で、上場企業のあるべき株価のイメージがわかっていたのです。

中学に進学すると社会のしくみに興味を持ち始め、日本中のすべての国会議員の政治信条や派閥の状況、支持母体を記憶し、日本を動かす政治システム・官僚組織のしくみや問題点を把握していました。

高校生のころには、世界情勢も、世界政治も海外の株式市場も、世界の歴史に至っては2000年分くらいの詳細がすべて頭に入っている状態でした。

そこまでいけば、これから市場で起きることや経済の先行きなどについて、人よりも正確に予想できるのでしょう。

プロのファンドマネージャーの8割がインデックスに勝てないという話をしましたが、その人は余裕で上位1％以内です。軽々とインデックスに勝っていましたが、それも当然といえるかもしれません。

もし、このような投資家と出会えることができたなら、その人にお金を預けて、手数料を払って運用してもらうのがいちばんいいでしょう。しかし、そういう人にはなかなか運用してもらえないかもしれませんし、結局「この人は信用できる」という選球眼を自分も持たないといけないので、これまたやっかいです。

プロは「組織の人間」だから、素人でも勝てる隙はある

では、素人はまったくプロには勝てないのでしょうか。

実はそうでもありません。プロにはプロのやっかいな制約があるからです。

まず、プロで運用している人は預かったお金を無理してでも投資にまわします。それはもちろん、手数料まで払ってプロに運用してもらっているのに「預かったお金は何にも投資しないですべて現金のまま」では格好がつかないからです。

でも、相場が悪く、何を買っても損してしまうような時期もあります。そういうときは何もせずに現金にしておくことがいちばんよい投資ということになります。しかしプロはそうもいかないので、何かを買ってしまいます。その結果相場全体が下がったときに、何もしないで現金のまま持っていた方がずっとマシだった、という結果になることがあります。

個人であれば、株式市場が悪くなると思えばすべてを売却して現金にして普通預金にでも預けておいて、相場が底入れするのをゆっくり待つ、という戦略も誰にも文句を言われずにすることができます。

また、プロの投資家は他の人や市場全体と競争させられますし、短期での成果を求められます。

たとえば2001年くらいにおきたITバブルのときは、あきらかに高すぎると思ったプロ達はたくさんいました。市場参加者全体が狂って浮かれている状態だったときです。

しかし、そこで高すぎると思い、IT株を売却したり、空売りをしはじめた投資家の評価は、他の浮かれた人達より低い状況でした。当時の「IT株は高すぎる。いずれ暴落する」という極めて正しい判断をしていたにもかかわらずです。

サラリーマンのファンドマネージャーは他社と比較されるため、IT株は高すぎるから売るという正しい判断をした人の評価は、狂ったように買い続ける人の評価より、そのときは低くなってしまうからです。

たとえばＩＴ株への投資を担当していたファンドマネージャーＡとＢがいたとします。

このふたりの評価は１カ月ごとの運用成績で行います。

そして投資対象の株価が次の図のようであったとします。

この図を見て、2000年の1月くらいにAはこの株は高すぎるから売るべきだと判断して売却します。もちろんそのときのAの判断は正しいものです。

反対にBはやみくもに買い続けます。その結果1カ月後という短期では、運用パフォーマンスではBの成績よりAの成績が悪いということになります。結局会社の評価はBの方が高くなります。

プロは市場全体が狂っているときは、間違っていると知りながらも一緒に狂わなければならず、かつ市場が崩壊する直前で降りるという離れ業をしなければならなくなります。

正しい判断をしている方が、
「会社で」正しい評価をされるとは限らない

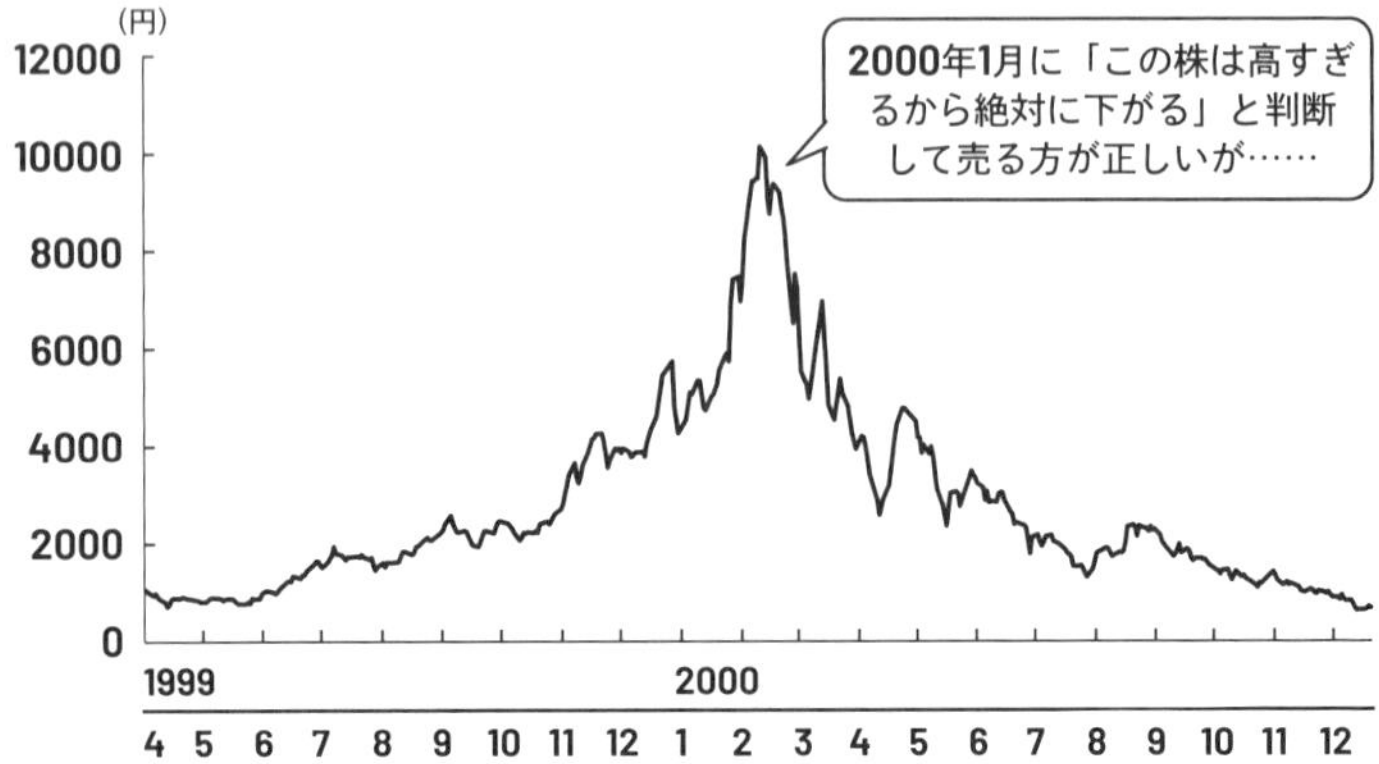

出所＝ブルームバーグ等のデータを基に筆者作成

長い目で見れば、いかれた価格が崩壊する手前で売っていれば、ド天井で売らなくてもまったく構いません。しかし、会社員であったり、競争させられるといった背景がプロを間違った投資行動に追い込むことがあります。

また、投資は本来長期で行うべきものですが、プロの投資家は毎日成績を比べられます。それに、サラリーマン投資家は、給料やボーナスは毎年改定になりますので、どうしても短期で結果を出そうとします。

自分のお金を運用する場合は、失敗すると自分のお金が大きく減ることになり大打撃ですが、サラリーマン投資家、特に日系の証券会社や投資ファンドの投資家の場合は投資したものの値段が大きく下がっても、せいぜいクビになるかならないか程度です。損した分は、「自分で会社に払いなさい」とは言われないのです。

そうであれば思いきりリスクのあるものに投資して、うまくいったらたくさんボーナスをもらい、もし失敗をしたら最悪退職してしまえばよいという価値観を持つ人が出てきても不思議ではありません。

プロの投資家には、このように投資の観点からは合理的とはいえないような投資行動を取る人もいます。そこに素人が勝てる隙がありそうです。

いちばんいいタイミングで売りたい

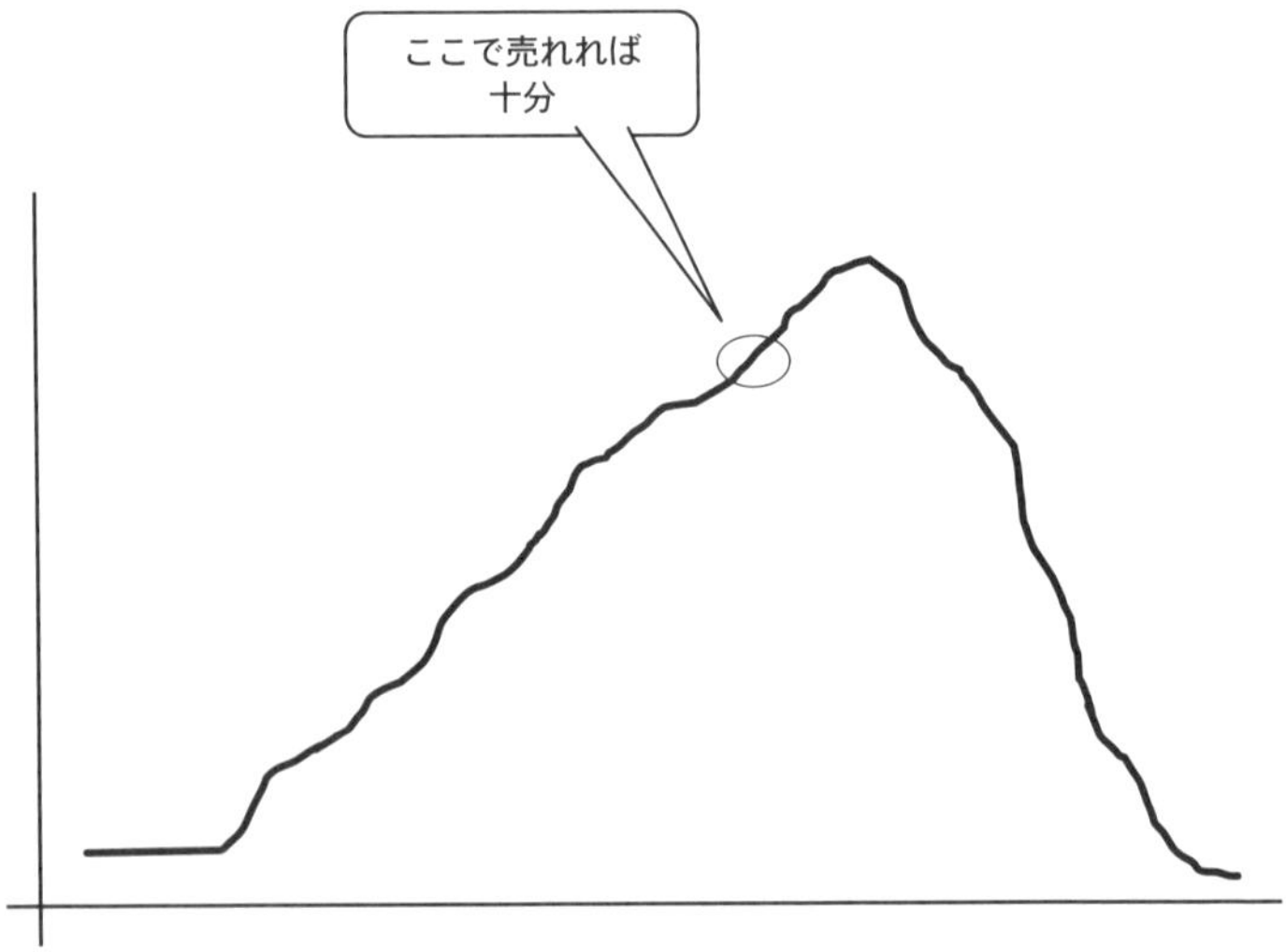

どのリスクを取るかはどうやって決めるのか

何度か言いましたが、投資は「何を買うか」ではなく「どのリスクを許容するか」です。

投資は何のためにするのでしょうか。

投資の目的は人によってさまざまだと思います。しかし、ここではとりあえず、「死ぬまでお金に困らず、自分の望むライフスタイルを維持できること」であるとしておきましょう。そうなると、ほとんどの人は何らかの投資をするべきだということになります。少し例を出して考えてみましょう。

この「自分の望むライフスタイル」というのも人それぞれですが、とりあえず、60歳時点で、持ち家を持っていて住宅ローンもなく、子供も自立して教育費もかからない、ということにして少し考えてみましょう。この場合だと、年間500万円もあれば生活が送れるのではないでしょうか。

その場合、現金は1.5億円くらい必要になります。そうすれば、インフレにでもならない限り投資をする（＝ダウンサイドのリスクを取る）必要はありません。

一生困らない生活ができることがわかっているのに、投資に失敗してお金が減るリスクを取る必要などはありません。もちろん、定年時に1.5億円以上の金融資産を持っている人は少ないでしょうから、ほとんどの人が現実的にはある程度投資のことを考えざるをえません。

私が投資に関するアドバイスを求められるとき、そのほとんどが「リスクなしにお金が確実に儲かる方法が知りたい」というものです。しかし、ここまで読まれたみなさんは、もうそんな方法がないことはおわかりですね。

「リスクなしに儲かる方法がある」と思っている人は、「それならよい儲け話がありますよ。あなたにだけ特別に教えてあげます」という詐欺に騙されやすい人です。

自分が取れるリスクの量の計算方法

「自分が取れるリスクの量」を計算するのは、じつはけっこう大変です。

自分が人生のステージのどのあたりにいて、家族構成はどうで、これからどのような出費が想定され、今自分はどんな資産を持っていて、健康状態はどうで、遺産相続の可能性はどれくらいあって、今の収入はどれくらいで、それはどれくらい安定していて、将来的な収入はどのタイミングでどれくらい入ってくると思われるかを計算してみます。

これは、細かいでしょうが、誰にでもできることです。

そして、これがいちばん重要なのですが「どのように生きていきたいか」を考えておくのが大切です。

これができて、ようやくリスクをどれくらい取れるのか判断することができます。

何に投資するのかを決めるには、これから自分がどんな人生を送りたいか、を決めるところから始めなければなりません。

最近はＡＩが発達していて、このような質問に答えると、おすすめのポートフォーリオ（＝おすすめのリスクテイク）をすぐに計算してくれるサービスもあるようですので、それを活用してみるのもひとつの手かと思います。

投資は、基本的に持っている現金や保険、株、不動産など、全体の資産のうち、資産の種類（アセットクラスと言います）の比率を決めるという作業になります。

①株式をどれくらい買うか
②債券をどれくらい買うか
③現金をどれくらい持つか
④株・債券以外の資産（不動産や金など）をどれくらい買うか
⑤外貨建資産の比率をどうするか

あなたの財産全体のうち、この5つをどうするのかを考えていくのが基本です。

若くて比較的収入が多い場合は株式多め、定年間近でかつ貯金に余裕があれば株式はゼロ、といった具合に、おのおのの年齢や年収やライフスタイルや家族構成などによって決めることになります。

正しい投資は実はシンプル

株について守るべきことは、基本はシンプルです。

「運用する期間が長いほどいい」

「株の投資は、すぐには使わないお金、かつ値下がりしても生活に困らない範囲にとどめておく」

「個別株には投資しない」

「一度投資したら10年くらいは売らない、値上がりしても値下がりしても売らない。いちいち値段のチェックはしない」

なんだそれだけかと思われるかも知れませんが、実はこれで十分です。

平均株価に投資するとはどういう意味か

アメリカの代表的な平均株価指数はＳ＆Ｐ５００です。ＮＩＳＡなどで聞いたことがあるかもしれません。「これに投資しておけば、間違いがない」と言われるものの代表格です。

「平均株価に長期投資する」話をこれからしたいのですが、そもそも平均株価とは何かを知りましょう。

平均株価というのは文字通り株価の平均です。日経225であれば225銘柄の平均株価のことをいいます。

平均株価に投資というのは「平均株価が上昇して2倍になったら、自分が投資したお金も2倍になる」という意味ですが、「平均株価」という株があるわけではありませんので平均株価に投資はできません。

簡単にいうと、これは平均株価のもとになっている株を全部買うということです。ちなみに株には売買の単位があって、上場会社の場合は100株単位で買わなければいけません。だから、ある銘柄の株価が1000円とすると、その銘柄を買うには10万円必要になります。

ちなみに日経225の単純平均はざっくり計算すると4500円くらいなのですが、全部買うと4,500×225×100＝101,250,000円、つまり約1億円必要になります。

実は日経平均は株式分割だの銘柄入れ替えなどいろいろ調整しているので、日経平均と同じ動きをするように株を買うには8億円以上必要になります。

そんなことは少なくとも個人のレベルでは簡単にはできません。では実際にはどうするのかというと、それをしている投資信託を買うことになります。

投資信託は多くの投資家からお金を集めて運用しているので、日経平均構成銘柄をすべて買うということが可能になります。[17] 8億円必要なら、ひとり100万円を800人から集めればいいことになります。

実際に販売されている日経平均連動投資信託は2万円以下から投資できるものもあ

ります（ＥＴＦの場合、投資信託はより小口でも可）。

日経平均構成銘柄について

17. 実際の日経連動投信では本当に全部買うわけではなく、日経平均と同じような動きをするようなポートフォリオをつくります。上位100銘柄くらいでほぼ日経平均と同じような動きをするものがつくれますが、それでも素人にはほぼ無理です。

さきほど、株は10年くらいは売らないのがいいと言いましたが、平均株価に長期投資するというのはどんな感じになるのか、実際に見てみましょう。

次ページの図を見てください。これはＳ＆Ｐ５００の推移の図とアメリカのダウ平均株価の図です。

平均株価に長期投資をした場合

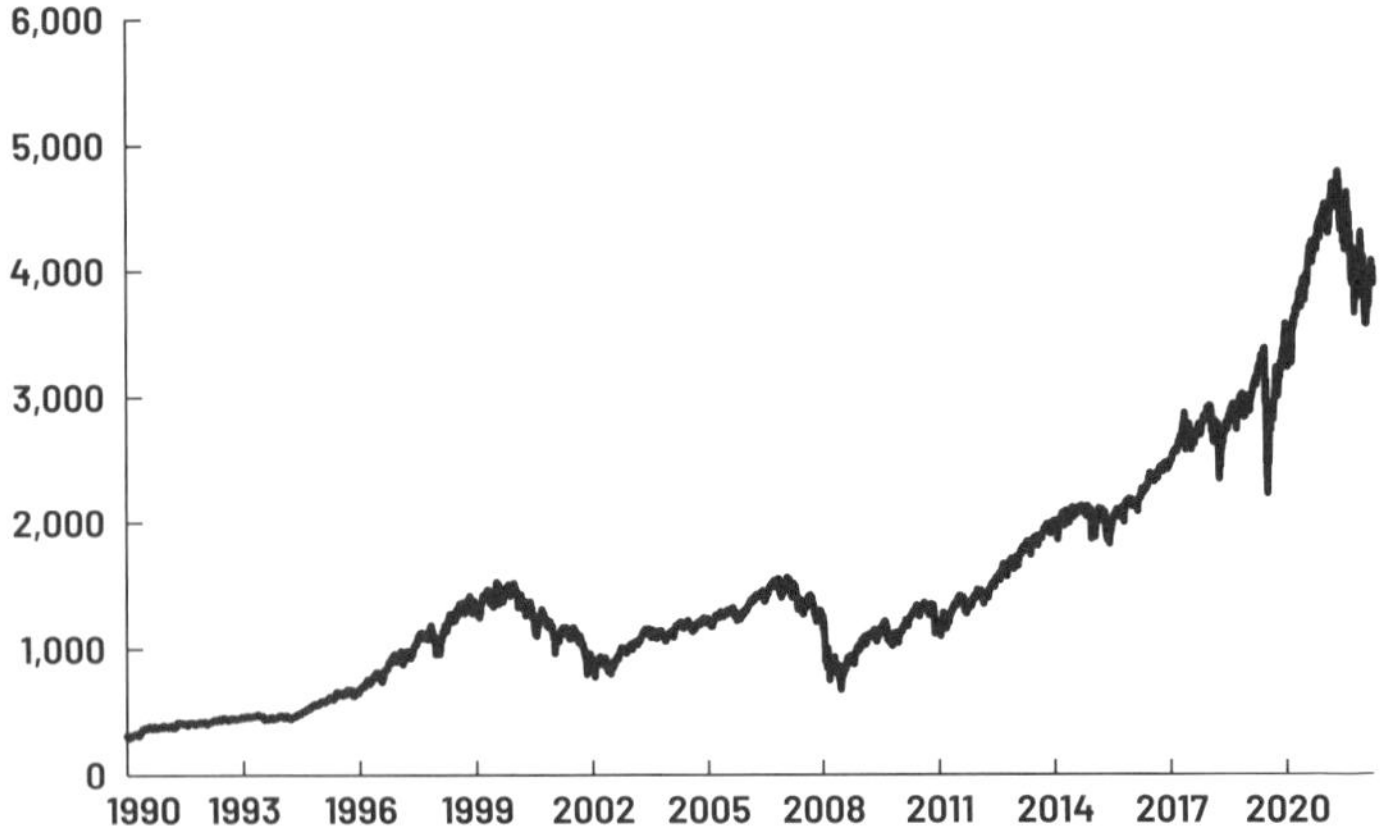

ここ30年のS&P500の推移

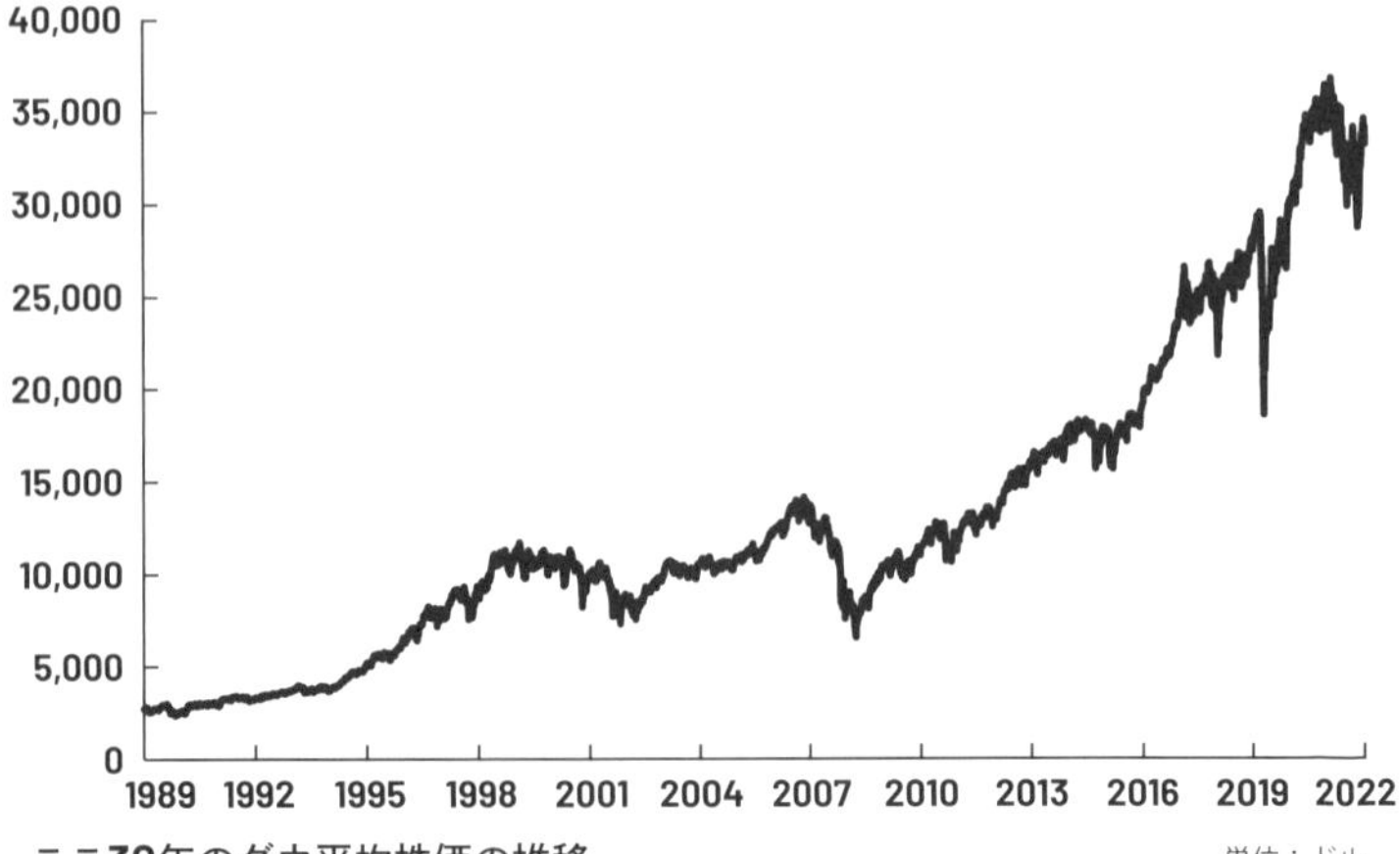

ここ30年のダウ平均株価の推移

単位：ドル

出所＝ブルームバーグ等のデータを基に筆者作成

ふたつとも、この30年くらいで15倍くらいになっています。投資していればかなりの儲けです。

図の中の動きを見てみるとＩＴバブルが崩壊したり、リーマン・ショックがあったり、コロナで急落したりしています。最近ではインフレによる利上げ観測[★18]から大きく下げたりしています。観測とは、「たぶんインフレで中央銀行が利上げするだろう」とみんなが予想し、その予想により株価が上がったり、下がったりすることをいいます。「観測」だけでも株価は変化するのです。

こう見ると、1年単位で勝負していたら、損失が発生するタイミングは何回もあることに気づくと思います。

たとえば、投資期間を1年として、２００８年のリーマン・ショック手前でダウ平均に投資していたとしましょう。

見ると、1万４０００ドルくらいの高値から、７５００ドルくらいまで下落していますので、身の毛がよだつようなやられっぷりです。まさに最悪のタイミングで投資を始めた愚か者という感じでしょう。リーマン・ショック前の高値で買って、デフレショックで大幅下落したタイミングで売ったとしてもこれだけの数字がでます。ファンドマネージャーだったら、クビか少なくともボーナスはもらえないでしょう。

ところがこれをそのまま、15年間2022年の8月くらいまで持ち続けたとします。これなら、もし2008年の高値で買っていたとしても倍くらいになっています。最近の、利上げによる大幅な株式の下落を考慮したとしてもです（金利が高くなると、「値下がりする可能性のある（つまりリスクのある）株」を買わなくても、元本は保証される預金だけで資産が増えます。そうすると、投資家が株を買う意欲が減るため、株価が下がるのが一般的です）。

結局、投資した後、どれだけ株が乱高下しようとも、気にせず10年以上持ち続けるのであれば、誰がどのタイミングで買ったとしても十分な利益が得られていたということがわかります。

この方法だと個別銘柄のことをまったく考えなくていいですし、売買するタイミングを決めるために日々の市場動向におびえる必要もなく、成功する可能性が高くなります。

投資は自分の置かれている状況をいろいろな面からよく考えて、それに見合った比率で資産の中からどのくらい配分をするかを決めましょう。そして、ポイントは、一度投資したら**最低でも10年くらいほったらかしておく、というのが平和でかつ素人がプロに勝てる可能性のある投資方法です。**そして、長いスパンで見て上がっていなければならないので、「安心できる国」に投資するのが大前提です。安心できる国をどう判断するかについては、次の第5章で説明します。

インフレによる利上げ

18. インフレになった場合はインフレを抑えるために、中央銀行は金利を上げます。金利が高くなると、借金してまでものや不動産を買おうとしなくなるため、景気が悪くなって物価が下がります。こうしてインフレ率を抑えますが、一方利きすぎて景気悪化になるのも困るので、悩ましいかじ取りとなります。中央銀行の腕のみせどころです。

NISA, iDeCoについて

NISAとiDeCo、個人の資産運用でよく話題になるふたつです。

これは、そもそも活用してもいいものでしょうか？　NISAやiDeCoに関する本はたくさんありますし、ネットで検索しても記事が多く出てきますので、運用方法などの細かい説明はせずポイントだけ述べます。

まず、これらは他の投資に比べて得です。

それはなぜでしょうか。それは、NISAやiDeCoは損するのが国だという設定になっているからです。それもあえて損しています。

本書では、銀行や証券会社など、金融の世界では「何とかして投資家にリスクを取らせ、自分はリスクを取らずに利益だけ稼ごうとする」のが基本だと何度も書いていますが、これはそれに反しています。NISAやiDeCoには利益を投資家にくれるところがあるのです。

なぜ、投資家にメリットがあるようなことをするのでしょうか？

それは、NISAやiDeCoは、国民に投資を推進させるべく政府が国民に小遣いをあげるために行っているからです。

というのは、日本の税制では、投資をして得た利益である分配金・配当金・売却益などに、本来なら約20％の税金がかかります。しかし、一般NISAでは２０２３年までは毎年120万円を限度として最長５年間、最大600万円までの元本から得た利益は非課税になります。つまり政府としては本来取れるはずの税金をその分諦めているのです。

どうして政治家は、わざわざ税収を減らしてまで国民に投資を促したいと思っているのでしょうか。

これは第7章で説明しますが、政治家にとっては株価が高くなることは、自分のためにとてもプラスだからです。政権支持率を上げるためや、選挙で勝つためにばらまき政策をするのと同じ効果を期待しているからです。

これまで「株が上がるか下がるかを予想して儲けようとするのは無理」「個別銘柄でプロに勝つのも無理」「プロでもインデックスにはほとんど勝てない」ということを説明してきました。その意味でも、つみたてNISAやiDeCoは、毎月無理なく払える一定額を投資し、投資対象はインデックスにして、あとは値段のチェックもせずにほったらかしておく、という投資スタイルを取れるために、**個人にとってはいちばんいい投資となります。**

iDeCoなどは、積み立てたお金は年金として払ったものとして、つまりしばらくはもう自分のお金じゃない、くらいに思っておくのがいちばん賢い姿勢です。素人が自分の投資したものの値段を1時間おきにチェックしておろおろするのは絶対に避けるべきです。精神的にもいいことはありません。「60歳まで下ろせない」、くらいで丁度いいのです。

ただひとつ決めておかなければならないのは、「どの国のものを買うか」です。**いくら税制のメリットがあっても、将来性のないダメな国の株に投資してしまっては、結局損することになるでしょう。**これは、NISA, iDeCoだけでなく、平均株価に投資することにももちろん言えます。

今はあらゆるサイトや本でも「投資するならアメリカ株だ」と書かれていますね。本当にそうなのかという点については、次章で説明します。

第 5 章

外国に投資するとは
どういうこと？

アメリカ株のインデックスで本当にいいのか？

第3章で、投資をするならアメリカ株のインデックスを長期で買うのがいいという話をしました。

これは、私が苦労して編み出した画期的な投資手法というものではなく、投資の本や人気のあるYouTubeなどで、大多数の人が主張している意見です。

これだけ多くの人が同じことを言っているのですから、きっと正しいのでしょうが、どこかに問題はないのでしょうか？

この考えのベースにあるのは、「アメリカ株は長期的には確実に値上がりする」ということを大前提にしている点です。アメリカ経済への信頼がそこにあります。

しかし、それは本当に正しいのでしょうか？

残念ながら、わかっているのは、「これまではアメリカ株のパフォーマンスがよかった」という過去の事実だけです。

　このように、「これまでよかったのだから、これからもよいだろう」と考えるなら「昨日まで値上がりしていた株を今日買う」というのと本質的に変わりません。

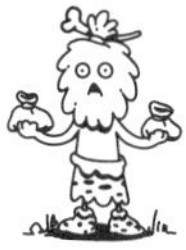

日本株ではだめなのか

　アメリカ株でいいのかを考えるために、他の国の場合を見てみましょう。

　まず、日本を見てみましょう。日経平均株価の30年くらいの値動きをみると、次ページの図の通りです。

　これは、いちばん左のスタートラインが、バブルで株価がいちばん高かったころからということもありますが、このグラフを見ると、かなり我慢してもだめそうです。

　仮に１９８９年の高値で買って２００４年に売ったとすると、15年も持っていたのに３分の１くらいになっています。日本株は何を買ってもお金が減るだけという印象です。

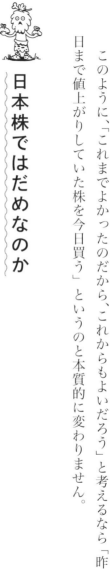

日本株の30年くらいの値動き

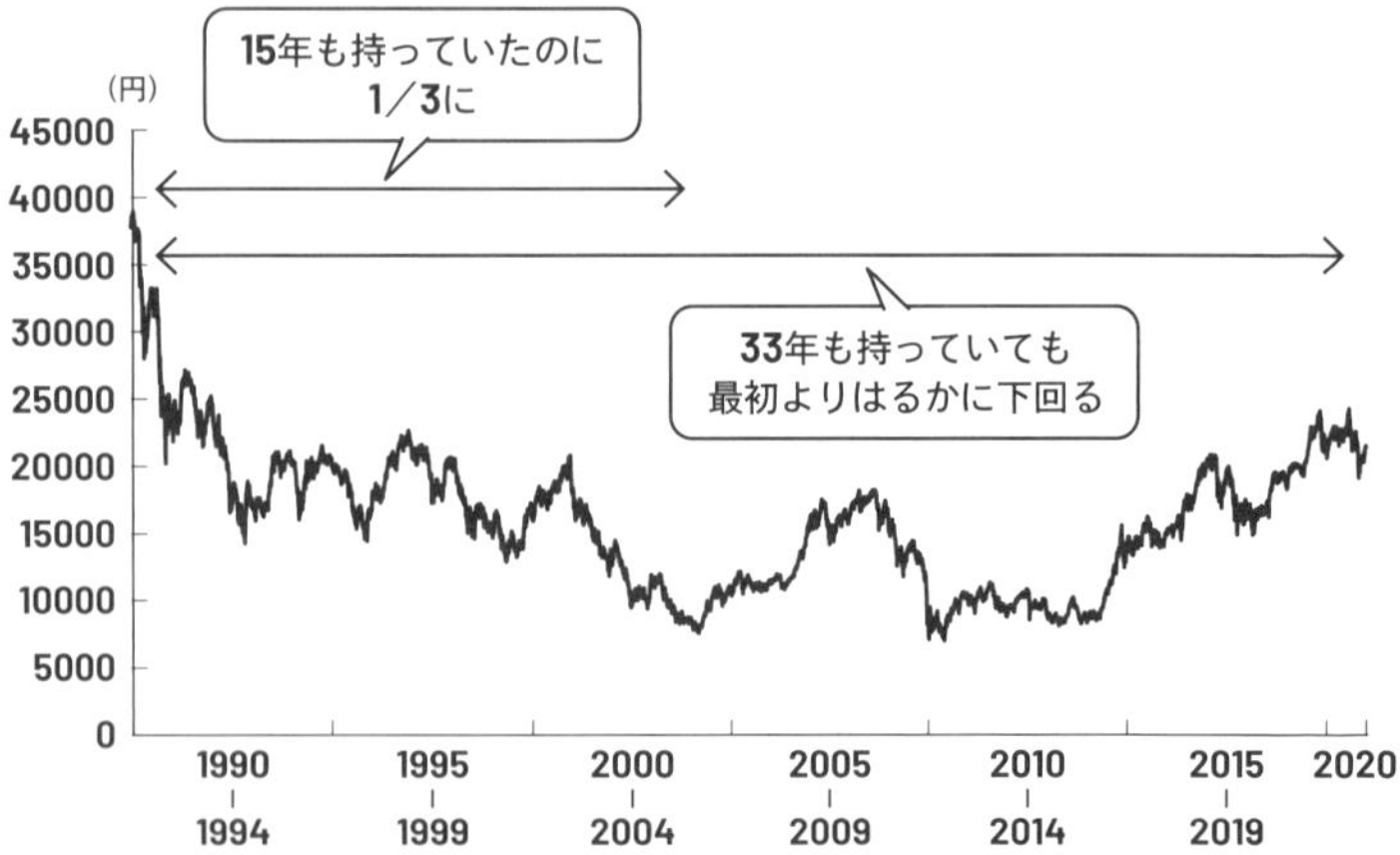

出所＝ブルームバーグ等のデータを基に筆者作成

ちなみに２０２２年12月末では日経平均は２万７５００円くらいです。１９８９年から32年ずっと持っていたとしたら、最初の３万８９１５円をはるかに下回っています。33年も我慢しているのに大変な低さです。

こうなると、「株を買うならインデックス」とわかったとしても、「どこの国の株を買うべきか」ということは真面目に考えなければいけないことがわかります。

株式インデックスを買う場合は「その国」の経済パフォーマンスを当てないといけない

もし、アメリカ株のインデックスを選ぶのなら、「これまでのアメリカ株のパフォーマンスがよかった」からではなく、**「これからもアメリカ株のパフォーマンスがいいだろう」と判断する必要があります。**

個別株の将来性を予想するのは大変だという話はすでにしましたが、海外のインデックスを買う場合は国単位での将来を考えなければいけません。これはまたさらに困難な作業であるように思えます。

「アメリカの強さは絶対で、未来永劫世界一でありつづけるのだ」という意見はあるでしょう。

現時点でアメリカが強く、基軸通貨国という有利な立場にいることも間違いありません。しかし、いつまでもそうなのでしょうか？

アメリカが世界の頂点に上り詰めたのは第二次世界大戦後のことです。そもそもアメリカが独立したのは250年くらい前ですし、アメリカが基軸通貨国になったのもせいぜい80年くらい前です。

これから中国がさらに伸びるのか、いや次はインドなのか、それとも日本がJapan as No.1で復活するのか、ロシアが世界を制するのか、アフリカの時代がやってくるのか。さまざまなことが言われていますが、一体どうなのでしょうか。

いずれにしても、投資は長期でやらなければならないものです。少なくとも10年以上先に繁栄している国を予想して当てなければなりません。なんともやっかいです。

投資したい国の人口構成をまず見る

さて、ここからは国の将来を考えるヒントのようなものを考えてみたいと思います。これもまた専門的な考え方がたくさんありますが、私の考えでは、まっさきに覚えておくべきなのは「人口」を考えることです。**「国単位の経済現象はほとんどの場合、**

人口で説明できる」と思っています。土台はとてもシンプルです。

少子化が進むと人口がどんどん減り、また高齢化が進めば働き手が減るので、経済は確実に停滞するということです。

日本のGDPにしても、日本人がひとりもいなくなってしまえばゼロですよね。日本の致命的、そして構造的な問題点は少子高齢化です。日本のデフレの原因もこれです。**これが問題だから、いくら金融緩和をしても効果がなかったのです。**

高齢化（=働かないで年金をもらうだけの人が増える）が進行して人口がどんどん減っていく国の経済が成長するはずがありません。**つまり株価が上がる理由がないのです。**

株価を説明する要因はほかにもたくさんありますが、とりあえず重要なのが人口構成です。**これを確認して、人口構成のよくない国の株はやめておく、というのが筆者のおすすめです。**したがって、私は人口減をきちんと解決しない限り日本株の将来はとても暗いと思っています。

日本の人口ピラミッド（2021年10月1日時点）

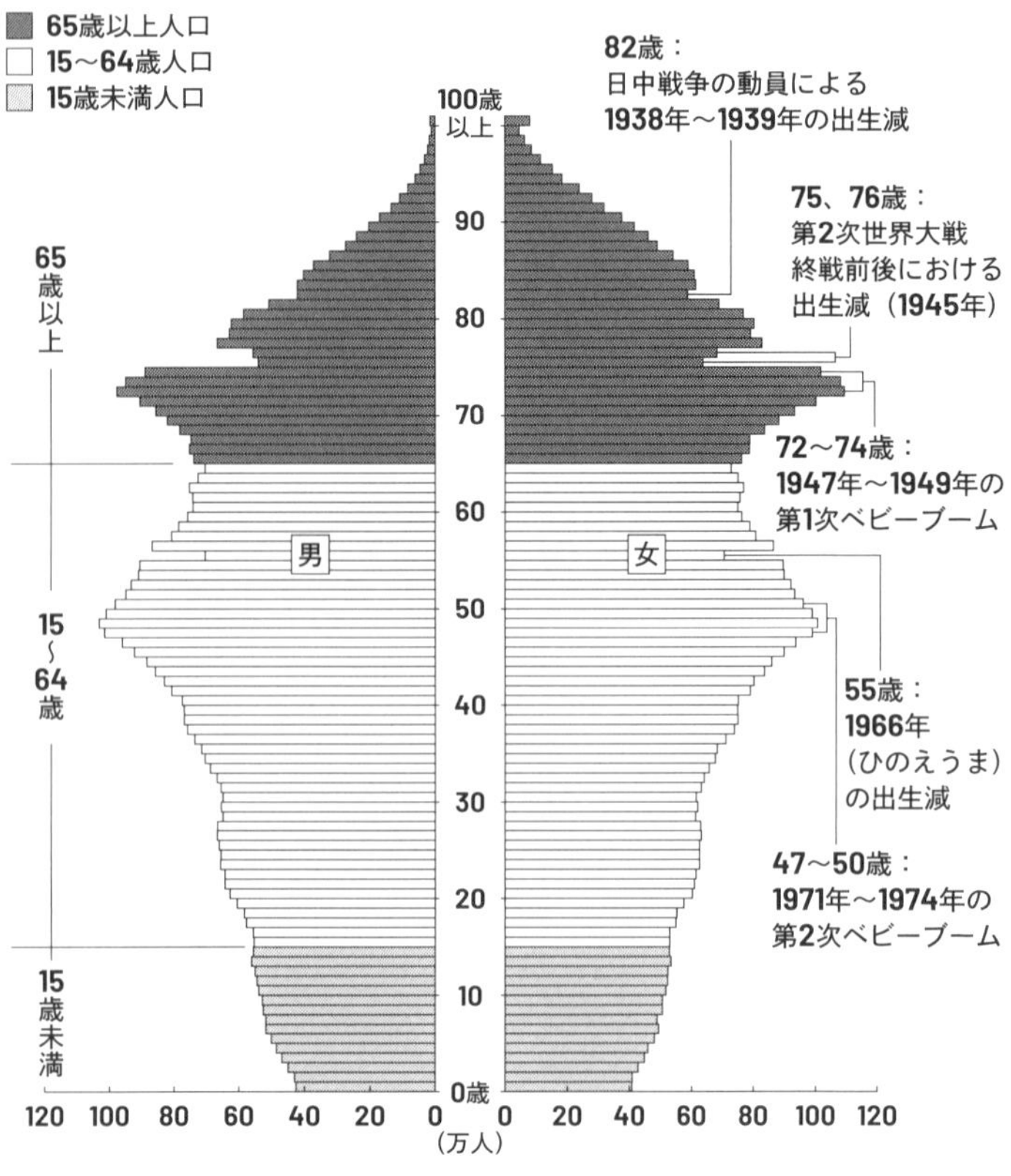

出所＝統計局ホームページ/人口推計/人口推計
https://www.stat.go.jp/data/jinsui/2021np/index.htmlより作成（2021年10月1日時点）

アメリカと日本の人口ピラミッドの違い

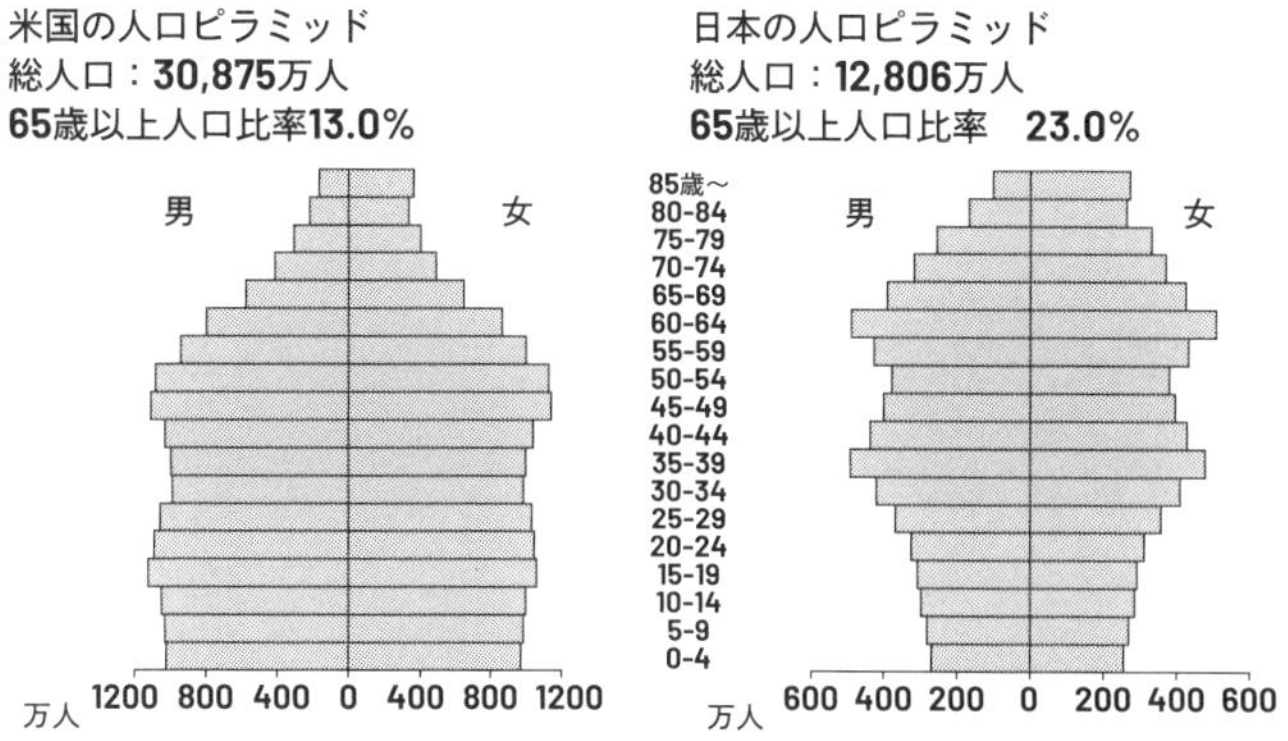

出所＝総務省統計局『世界の統計2014』
http://www.stat.go.jp/data/sekai/pdf/2014al.pdfより作成（2010年時点）

その点、アメリカは移民をどんどん受け入れて（そもそもアメリカ自体、移民がつくった国です）、人口構成を保っています。

上の図を見てください。

日本と比べて、年齢が若い人が圧倒的に多いのがわかると思います。

中国の破竹の勢いの経済成長も、14億人もの人口を擁していたところが大きいといえます。同時に、一人っ子政策によってこれから急速に高齢化と人口減少が襲ってくるため、中国の将来は大きな危険をはらんでいます。

ここまで、そもそもお金という紙切れは国への信用に基づく幻想みたいなふわふわしたものだと述べました。

少子高齢化により、日本の将来の経済はとても不安であるなら、この先、日本の「日本円」の価値がなくなってしまうようなことが起こりえるのでしょうか?

次章ではそのあたりについて説明していきます。

第6章

日本の経済は今どんな状態なのか

このままだと破綻すると言われている「日本経済」は、現在どんな状況か

第1章で触れましたが、基本的に紙きれでしかないお金の価値を支えているのは、「その紙切れには価値があるとみんなが信用すること」です。つまり、みんなが信用し続けている限りでは、紙切れの価値は維持できることになります。

では、少子高齢化が決定的な、日本円という紙切れに対する国民の信頼はいつまで続くのでしょうか。

本章では日本が破綻し、円というお金が紙くずになってしまう可能性について考えてみます。

日本は経済大国です。ＧＤＰは世界第3位（２０２１年）で、治安もよく、日米安保条約でアメリカが守ってくれるはずなので、他国に侵略されて滅ぼされてしまう可能性も低いと思われます。したがって、今すぐに日本円が紙くずになる可能性は低そうです。

では今の日本で、何が起きると日本円が紙くずになってしまうのでしょうか。

可能性がいちばん高いのは政府が借金をしすぎて、破綻してしまう場合です。

実はこの問題については世界中の経済学者やエコノミスト、政治家、投資家、アナリスト、ジャーナリストなどが長い間ずっと議論しています。

この議論で怖いのは、自分の意見と違うことを主張する人を、経済学の基本すらまるでわかっていない最悪の人間として、人格否定をするような発言が多くみられることです。

物事にはいろいろな考え方があり、自分とは違う意見も尊重したらいいと思うのですが、一向に収まりません。

主な論点は、次のふたつです。

「大丈夫、政府はいくら借金しても問題ない」

「借金しすぎるといずれ返せなくなって破綻する」

この真逆のふたつの意見が対立しています。

前者の代表はＭＭＴ（現代貨幣理論）推進派の人達で、後者の代表は財務省です。ＭＭＴとは、とてもざっくりいうと、「政府は自国通貨、つまり日本なら円での借金ならいくらしても大丈夫、なぜなら政府はお金を刷れるから」[19]、という考え方です。

このテーマは選挙のときもいつも話題になります。

政治家はＭＭＴの「借金はいくらしても大丈夫」という理屈が大好きです。それはそうですよね。「増税しません。必要な財源は借金でまかないます。だっていくら借金したって平気だから」と選挙で言えるからです。

MMT理論について

19. 本文中の説明はかなり乱暴なものです。もう少し説明すると「財政支出は中央銀行のファイナンスによって貨幣化される限りにおいては債務ではない」という考え方です。さらに推し進んだ意見を聞くと、神学論争というか哲学の領域にまで行ってしまっていると私は感じます。

「日本人が日本を信用をしなくなる」とお金が紙切れになる

それにしても、どうしてこんなに両極端な議論を延々と続けているのでしょうか。

「こっちが正しい」という結論はでないのでしょうか。

私はこの問題を20年以上考えていて、さまざまな意見や論文を読んでもみましたが、この論争に決着がつかないのは、**最終的には「日本人がこの国を信用しなくなって見捨てるかどうかがわからないから」だからではないかと思っています。**

会社が倒産するときを考えてみましょう。

ある会社が、業績が悪くなり赤字が続いて、現金がどんどん会社から出ていったとします。しかし、そんな会社でも、誰かが無尽蔵にお金を貸してくれている限りは絶対に倒産しません。

会社が倒産するのは、誰もお金を貸してくれなくなるときです。とてもシンプルです。

日本という国についても、このように「誰かがお金を貸してくれる」＝「日本人は何があっても日本を見捨てないから大丈夫」ということでしたら破綻しません。しかし「こんな国は、もうお金を貸してもだめだ」と思われればそれまでです。ちなみに、ここでの「お金を貸してくれる」とはざっくりと「国債が売れる」という理解で大丈夫です（細かくはいろいろあります）。

日本人が将来的に日本を信じなくなるかどうかは、なってみないとわかりません。だからこそ、日本が破綻するリスクについての論争も、いつまでたっても決着がつかないのでしょう。

「あの人がどんなに借金しても、愛し続けてくれる。あの人は私を見捨てない」

「いや、さすがにそこまで借金まみれだと、もう離婚されるだろう」

このふたりの意見のどちらが正しいかは、相手に聞いてみなければわかりません。相手の気持ちを想像していくら論理的に議論しようとしても決着はつかないでしょう。しかし、この相手が追い込まれているのは事実です。

「日本を見捨てるかどうか日本人が迷うくらい」追い込まれるとは具体的にどういうことかについては、このあと紙面を割きます。ここでは、日本人が日本を信用しなくなるかどうかは、感情的な問題なのでほぼ読めない、ということをお伝えしておきたいと思います。

こういう状況であると理解した上で、では、自分なりに考えるとしたら、あなたはどうしますか？

たとえば、自分なりに「日本円はそのうち日本人の信頼を失い、紙くずになってしまうだろう」と思われた人は、ご自身の現金をドルなどの外貨に替えておかれるといいでしょう。

ちなみに自国の通貨を信用していない国民として有名（？）なのは、中国人です。中国人は基本的に自国の通貨を信用していないところがあり、お金がたまると外貨に替え、財産の保全を図ろうとします。

国もそのことはよく知っているので、中国の元はドルなどの外貨に替えることが強く規制されています。何もしないでいると、どんどん元を売ってドルに替えてしまうからです。

現在、中国政府は仮想通貨（暗号資産）を全面禁止にしています。これは中国政府が仮想通貨の危険性に気がついたからではなく、国民が元以外の通貨に財産を替えようとするのを防ぐのがいちばんの目的だと私は思っています。

これまでは世界中の国で、蓄積方法として米ドルを一定量持つのが当然でしたし、グローバルな貿易に関しても決済通貨に米ドルを使うというのが一般的でした。

ところが、ウクライナ戦争によりロシアのドル資産がアメリカに凍結されるなどの動きがあり、ロシアが中国に原油を売るときの決済通貨がロシアルーブルになったり、アジア諸国間での決済が元で行われるようになるなどしています。

つまり、元に対して基軸通貨としての役割が高まってきていて、米ドル一強の状況が少し変わってきています。

「国が借りたお金」を返せないとは どういうことか

「国レベルでの破綻」とはどういうことかを考えるときに非常に重要なポイントがあります。**それは、会社や個人の破綻と国ではまったく事情が異なるということです。**ここを一緒にしてしまうと、議論が混乱するのでぜひ次に説明することを覚えておいてください。

普通の会社や個人であれば、決められた期日に約束したお金を用意できなければアウトです。

ところが国であればお金を刷ることができるので、自国通貨で借金をしている限り、どんな金額だろうと必ず返せます。民間企業が印刷機でお金を刷って借金返済したら大変な犯罪です。無期懲役になるかもしれません。[*20]

ところが国はできます。

「なんだ、じゃあ国は絶対に破綻しないじゃないか。安心した」と思うかもしれません。確かにこの説明で納得する人はたくさんいます。

しかし、このロジックには穴があります。

国の破綻リスクというのは会社や個人のように「決められた日にお金を用意できるかできないか」で議論してはいけません。

これまで何度も説明してきたように、**日本の破綻とは「国民から日本円という紙の価値を信用してもらえなくなること」だからです。**

もし国の借金が自国通貨ではない場合は、国の破綻リスクも一気に事情が変わってきます。たとえば、新興国がドルで借金をしてしまったために返せなくなって国家が破綻してしまうという話はよく聞きます。それは外貨で借金をしてしまうからです。

外貨で借金をするというのは、ある国の政府が、自分の国の通貨以外の通貨でお金を借りることです。つまり、印刷機でお札を刷るという必殺技があるかどうかは確かに大切で、それが使えなくなる状況では、個人や普通の会社と同じ状態になります。

日本の場合も「日本は外貨で借金をしていないから大丈夫だ。米ドル建ての日本国債なんかないじゃないか」という意見もよく聞きます。それは一理あります。外貨で借金をしていない国は、相対的に破綻しにくいことは間違いありません。

しかし、この議論で気をつけないといけないのは、

「日本という国が国民から信頼されなくなってしまうのではないか」

という心配に対して、

「外貨で借りてないからいいんだよ。円で借りてるから印刷機で刷れるでしょ」

と説明するのは論点がずれているということです。

では、具体的に、「日本という国が国民から信頼されなくなってしまう」状況とはどういう状況でしょうか。

刑法　第148条

20.
1. 行使の目的で、通用する貨幣、紙幣又は銀行券を偽造し、又は変造した者は、無期又は3年以上の懲役に処する。
2. 偽造又は変造の貨幣、紙幣又は銀行券を行使し、又は行使の目的で人に交付し、若しくは輸入した者も、前項と同様とする。

では国が破綻するとはどういうことか

「日本という国が国民から信頼されなくなる」ときはどういう状況なのでしょうか。

それは、「国民が貯めたお金の価値がなんらかの形で失われること」です。

国債が満期日に償還されない（元本が返ってこない）ことがストレートでわかりやすいですが、それ以外にももちろん起こります。

戦後の日本政府が取った動きが参考になりますので見ていきましょう。

第二次世界大戦の戦費が膨大で、借金が多かった日本は、禁じ手を使い、日銀に国債の引受けをさせました。自由にお金を刷ったわけです。そして、お札が急増したこともあってとてつもないインフレになりました。

このインフレは、月に100％上昇するという驚異的なレベルでした。1カ月で持っている現金資産の価値が半分になったのです。この事態をなんとかしようとして、政府は「今持っているお金は使えないことにします。新しいお金に換えないと紙くずになります。交換して欲しければまず、持っているお金を全部銀行に持ってきてください」としました。第1章でお話をした、新円切り替えです。

それまで、国民は自分のお金を守る（隠す）ために、結構な量の日本円を自宅のタンスの中にしまって保管していました。もちろん、銀行に預けているといくら持っているか国にわかられてしまうため、国家に取り上げられてしまうリスクがあったからです。

しかし、「そのまま持っていると紙くずになるぞ」と脅されたのではしょうがなく現金を銀行に持っていきます。

そしてそのまま政府は、無理に預金させたお金を封鎖しました。

お金はほとんど下ろせなくなり、その上、持っている資産に対して強烈な比率で没収していきました。たとえば、当時のお金で1500万円以上持っている人は、9割も国に持っていかれるということにしてしまったのです。

このプロセスはすべて国家が国会で法律をつくって行いました。つまり正しい手順を踏んで実行されたのです。ですので、国のデフォルトでも不履行（いずれも約束通りに期日にお金を返せないこと）でもなんでもありません。

正しい手順ではありましたが、この結果、日本国民はほとんどの財産を失いました。この新円切り替えに比べると、国債がデフォルトをして、国債を買った人だけが損する方が余程ましです（もちろん、国債がデフォルトするようなことがあれば波及効果がすごいでしょうから、それだけですむはずはありませんが）。

日本の借金は今どのくらいあるか

このように、国民の財産を大変な勢いで没収し、大惨事を引き起こした「国の借金」は当時いくらだったのでしょうか。

どれくらいの規模だったのかというと、ＧＤＰ745億円に対して国債は１１７５億円でした。ＧＤＰの1.6倍弱くらいです。

では、現在の借金の状況を見ていきましょう。

国と地方で合計１３００兆円、対ＧＤＰ比は2.5倍となっています。つまり、戦後の

日本の国債とGDP

日本の国債はどんどん溜まっている

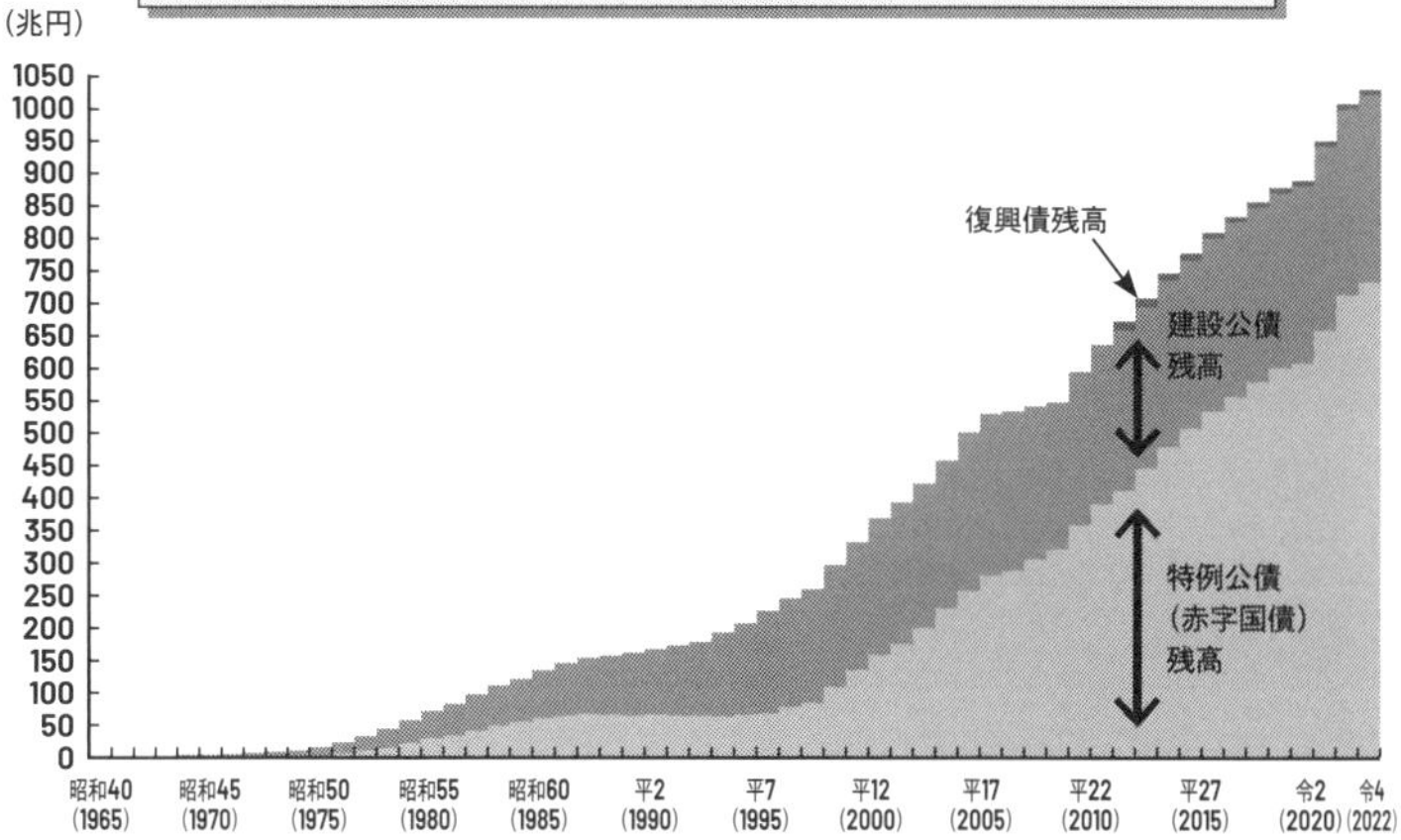

世界と比べた日本の国債のGDPに対する割合

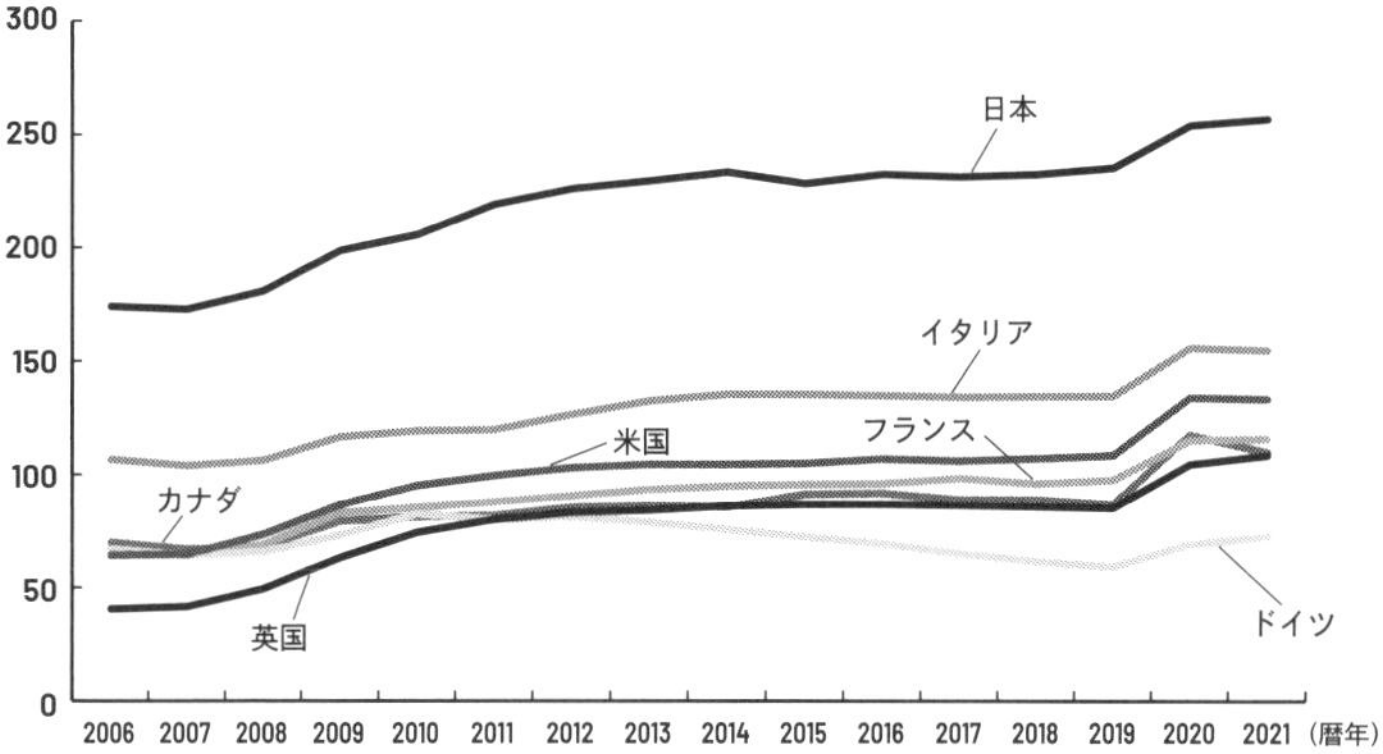

出所＝上下とも　https://www.mof.go.jp/tax_policy/summary/condition/a02.htm
より作成（2022年時点）

新円切り替え時よりひどいのです。しかも、世界でくらべてもかなり多いことがわかります。

日本の借金は、信じられないくらい増え続けている

もちろん、リーマン・ショックをはじめ、さまざまな不況の要因があったので、景気を支えるために仕方なく借金したこともあります。しかし、日本の借金はハイペースでずっと増え続けています。ざっくりと毎年約30兆円くらい増えていっているのです。[★21]

毎月2.5兆円だと、１週間で５８００億円、１日で820億円、１時間で34億円というすさまじいスピードです。

国が借りたお金を返さず残っている国債を、国債の残高といいますが、現在約１０

00兆円くらいです。もしここで、平均借入金利が1%上がると利払いだけで10兆円が増加することになります。

もし新規に国債発行するのをやめて増税で賄おうとすると、消費税を25%にしてようやく借金が増えない状態になります。しかし、現在より15%も消費税を値上げするのは現実的ではありません。

現在では新型コロナの影響もあってさらに借金が増えました。営業自粛したお店への補填や人件費の補填、ワクチン代などでどんどんお金をかけています。いかに日本が借金が多いかわかっていただけたでしょうか。

日本の借金

21. 歳出における債務償還費はわかりにくいのでここでは除外します。

税金と予算の足りない部分を国債（借金）で穴埋め

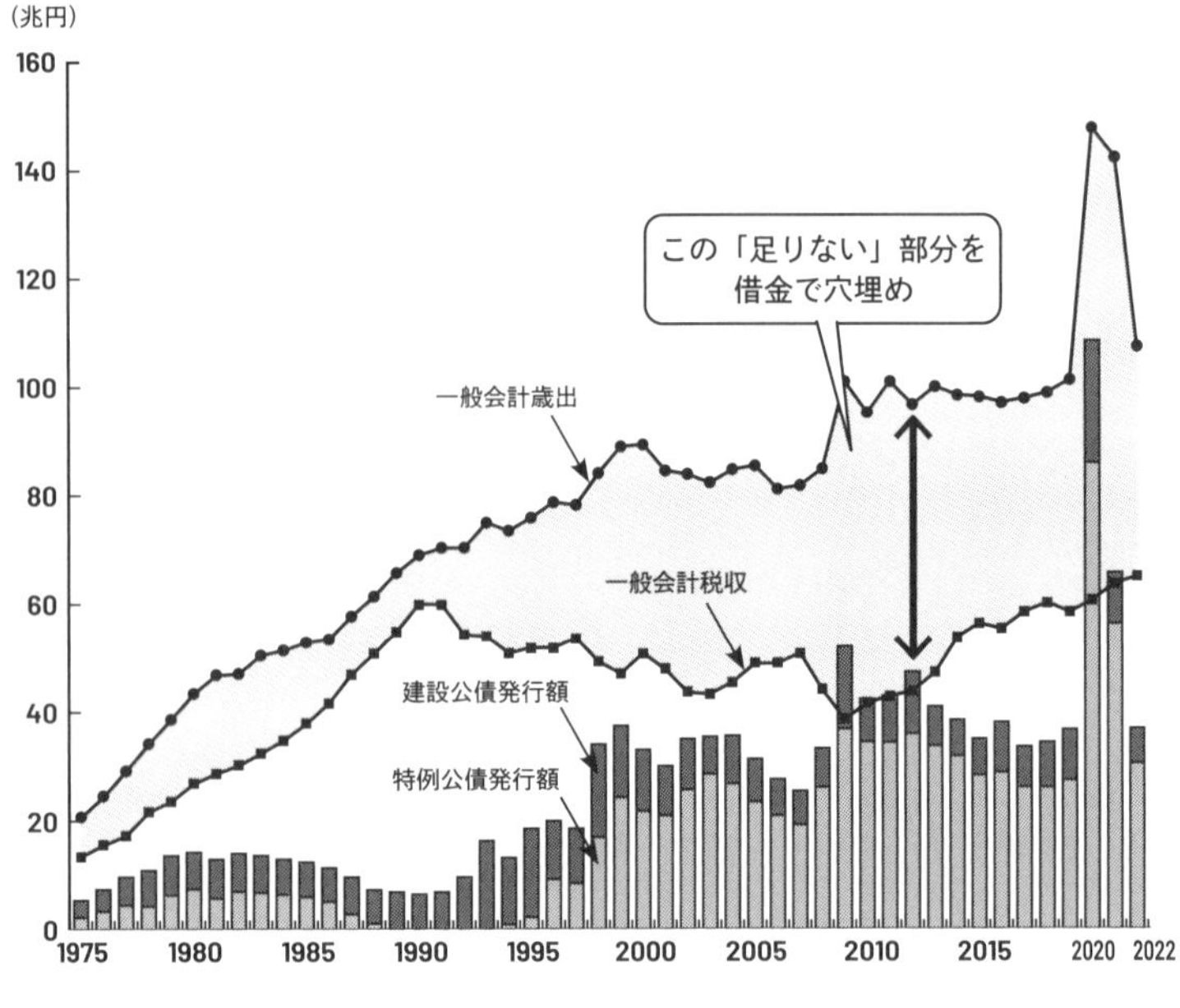

出所＝https://www.mof.go.jp/tax_policy/summary/condition/a02.htmより作成（2022年時点）

財政が赤字なら、なぜ使う分を減らさないのか

借金が莫大な金額なのはわかりました。では、歳出（お金の出る方）を減らせばいいと思いませんか。

私たちは、給料の範囲内で、お金を使うのを工夫して、節約など努力をしながら暮らしています。なぜ国はそうしないのでしょうか。

では今の日本は何にお金を使っているのでしょうか。次の図を見てください。

日本は何にお金を使っているのか

一般会計歳出

※「一般歳出」とは、歳出総額から国債費及び地方交付税交付金等をのぞいた経費のこと
※「基本的財政収支対象経費」（＝歳出総額のうち国債費の一部を除いた経費のこと。当年分の政策的経費を表す指標）は、833,744（78.2％）

（単位：億円）

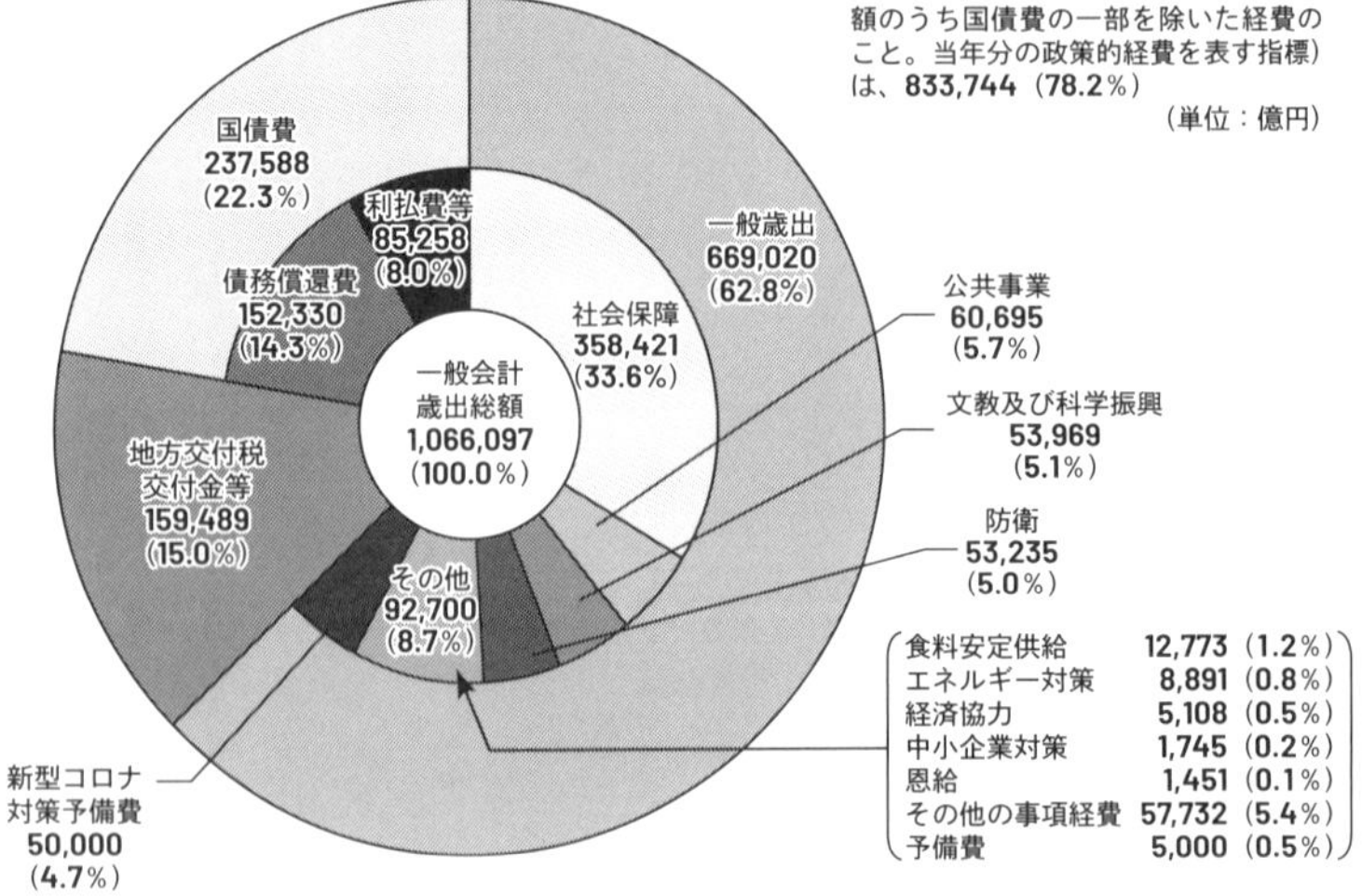

一般会計歳入

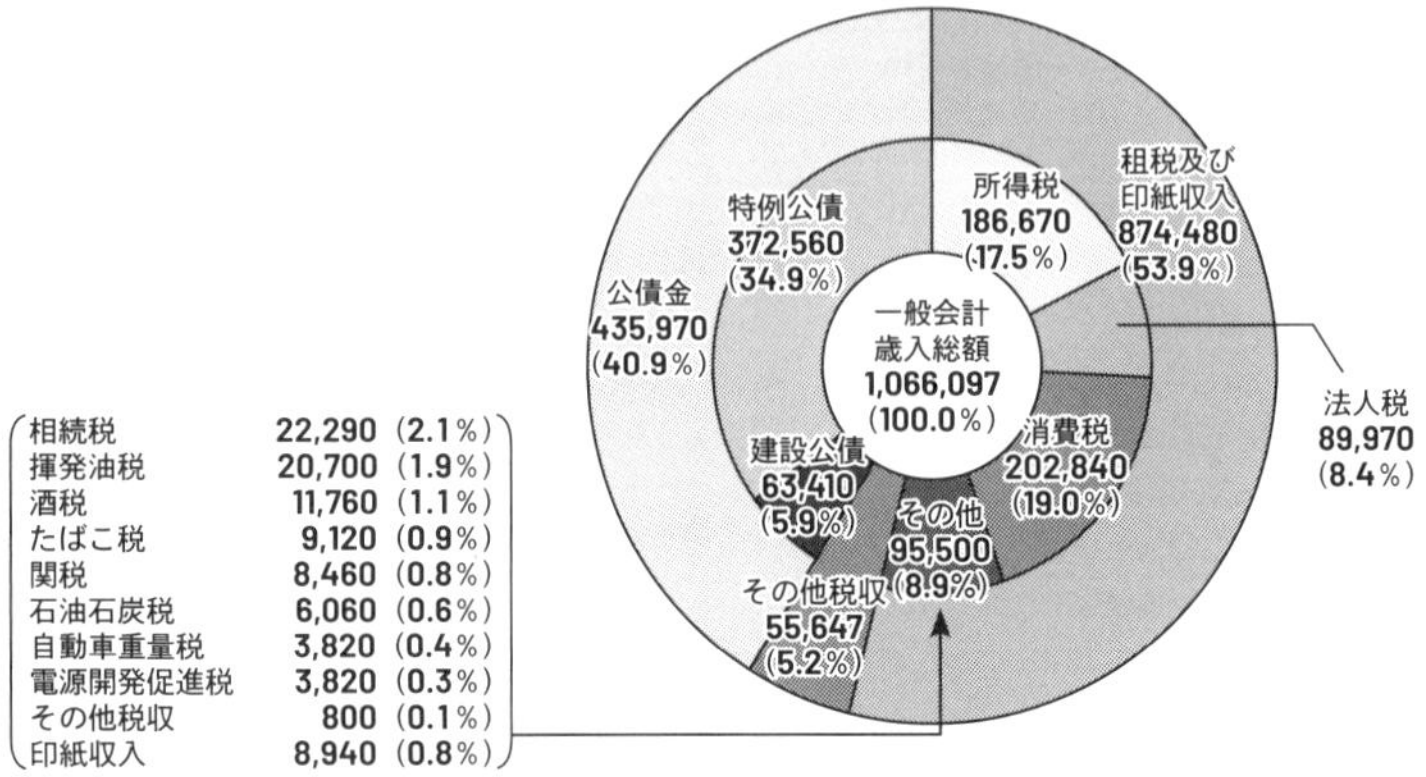

出所＝https://www.mof.go.jp/tax_policy/summary/condition/a02.htmより作成（2022年時点）

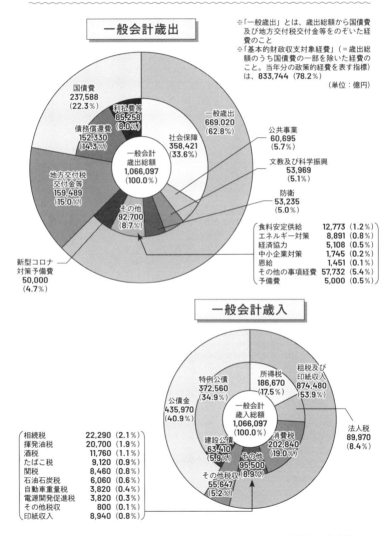

これが日本のお金の使い道です。

細かいうと、実はこれ以外に特別会計があったり、地方政府の会計があったりして複雑なのですが、ここでは細かいことは無視していきます。

歳出の約3分の1を占めているのが「社会保障費」です。社会保障費は、基本的に年金と健康保険の赤字を埋めるものです。

ここでの問題は「財政赤字だからといって年金や健康保険の歳出はカットできない」ということです。

「もし財政が苦しいので年金と健康保険のお金はカットします」などと政治家が言い始めたら大変な事態になるでしょう。今の日本の制度では社会保障費を削減することは事実上できないということです。それどころか、これから高齢化はさらに進み、かつ人口が減るのでますます社会保障費の赤字は増えていきます。

それなら、公共工事を減らせばいいのではないでしょうか。

しかし実は、すでに公共事業は歳出の6％もありません。

日本は、すでに公共工事をどんどんばらまいて、むだに歳出を膨らませているのではない状態です。したがって、こちらも減らす余地があまりありません。

結局、今の日本では「歳出をカットすることによって財政赤字を削減する」のは難しい状態です。

金利が上がるとどうなるのか

政府の国債の残高は、現在は1000兆円くらいです。

この分の平均借入コスト（政府はさまざまな国債を発行しており、その金利の平均のこと）がもしインフレなどにより上昇してしまうと政府の利払いの負担が増えます。とりあえず計算が簡単なので、1％上がった場合を考えてみましょう。元本が1000兆円ですから、たった1％で1年分の利払いが10兆円[★22]くらい増えることになります。

これを消費税にあてはめると、今の消費税は10％で、その税収は20兆円くらいです。国債の追加の金利を払うためだけで消費税を5％上げないといけないことになります。

また、1％などと可愛いことをいってないで、どこかの国で戦争のようなことが起きて、サプライチェーンが壊れて急激なもの不足になったり、エネルギー価格が暴騰するなりして、いきなり5％くらいまで上がったりすると（2022年のイギリスを見ていると、あながちないとはいえないかもしれません）、全体の利払いだけで、1年間で50兆円増えることになります。

消費税にすると、25％上げなければなりません。50兆円といえば日本の国家予算の半分くらいです。そんなことになったら、国家破綻の可能性がぐっと高くなります。

これまでのとんでもない借金のせいで、国家破綻を引き起こしかねない金利水準が、わずか5〜6％になってしまっているという事態になっているのが現状です。

1％の利払いで10兆円増える

22. もちろん、いきなり全体の借入コストが上がるわけではありません。実際に借り換え（満期になった国債を返すお金がないので、同じ額の国債を新規に発行して、そのお金で国債を返すこと）などで発行する国債は年間200兆円くらいなので、金利負担の増加分は2兆円くらいです。でも、その翌年にはさらに2兆円上乗せされ、その翌年にはさらに2兆円上乗せされて最終的に10兆円くらいになります。

現在の祖父母や親の年金を子供の世代が本当に返せるのか

借金は問題の先送りです。

ですので日本人は、今の子供達に、現在祖父母や親が享受している年金や健康保険などのつけを払ってもらうことになります。 カードローンで借りて使ってしまった親の借金を、相続した子供が返し続けるようなものでしょうか。この場合、民間人であれば相続放棄ができますが、国の借金の場合、それもできません。

それでは、１０００兆円の借金を、あと50年くらいかけて返さなければならない日本人の人数を見てみましょう。

日本の人口の推移

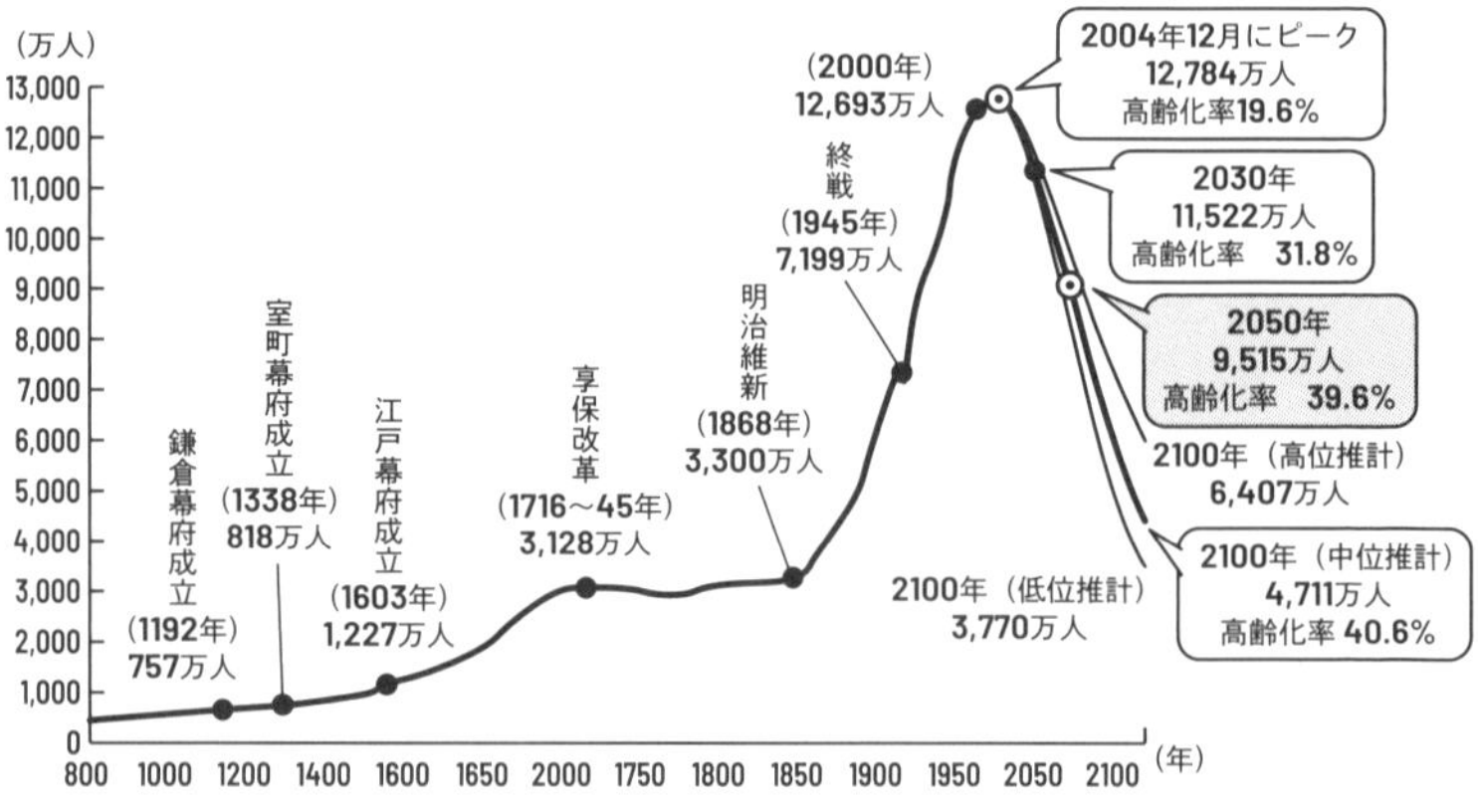

出所＝soumu.go.jp/main_content/000273900.pdfより作成

２００４年に日本の人口はピークになり、そのあとどんどん減り続けています。２０５０年の人口は３２００万人くらい減って９５００万人くらい、その50年後には４７００万人くらいと、加速度的に減っていきます。もちろん、人口減少とともに高齢化も進行し、税収も減ります。

この問題は、突然日本の出生率が急上昇するか、猛烈に移民を受け入れでもしない限り解決しません。

国が使うお金は、すべて「国民の税金」

以上を考えると、将来的に借金のつけを払わされる若い人達の声が選挙に反映されそうですが、どうして反映されないのでしょうか。

それにはやはり日本の人口構成が大きく影響しています。最近の日本の人口構成と、その中で選挙に行く人の数の分布を見てみましょう。

２０１７年に発表された第48回衆議院選挙における年齢別投票状況（https://www.soumu.go.jp/main_content/000528774.pdf）では、少子高齢化が進んで、ただでさえ高齢者の比率が高い上に、若い人が投票に行かないことがわかります。

女性で見ると、18～34歳までで選挙に行く人の総数が、65～69歳で選挙に行く人の数とほとんど同じです。

65～69歳の人は、ほとんどが年金をもらっている人達でしょう。そしてもちろん、将来政府の借金のつけも払わなくていい人達です。

すでに若い人たちは人数で負けているのです。その上、人口比的に見ても、若者の投票率が上がったところで絶対数で負けているので、若者の声は国政には反映されそうにありません。

そういう意味では、日本の政治家は問題を先送りにする政策を、とても行いやすい環境にあると言えます。

なぜ若者の支持率が高いのか

しかし、若者は人数で負けているとはいえ、これだけの借金の先送りをするとなると、さすがに政府の評価は下がるはずです。特に、日本の財政悪化が加速したのは安倍内閣と菅内閣[23]です。このあたりの年代別の支持率を見てみると、このふたつの内閣は、高齢者よりも29歳以下と30代の若い世代の支持率が高いことがわかります（『日経新聞』「安倍・菅内閣、若年層ほど高い支持率　最低は60歳代」https://www.nikkei.com/article/DGXZQOUA02E8J0S1A700C2000000/ より）。

なぜこんなことが起きるのでしょうか。

若い人の内閣支持率は、自分が就職しようと思ったときに就職しやすいかどうかに影響されるという意見があります。

確かに、何十年先の日本の将来的な財政破綻リスクよりは、学校を出て就職できるかどうかの方が今は重要です。つまり、財政出動や補助金を出して就職できる方が内閣が支持されるのでしょう。

日本の財政悪化が加速

23. 267ページの上の図の特例公債残高（赤字国債）を見ると、第二次安倍政権が発足した2012年以降では、それまでの40年分くらいの借金を10年で積み上げています。

誰にも当事者意識がないのが財政赤字のいちばんの問題

ここまで見てきて感じた人も多いと思うのですが、国の財政に、国民が目を向けないのは「国のコストを誰が負担するかを意識させない」構造になっているからです。「自分たちの孫や子供が、現在自分が受け取っている年金や医療費のせいで、将来貧しい生活を強いられる」あるいは「自分たちの祖父母や親のせいで、将来貧しい生活を強いられる」とはっきりと自覚できるタイミングはありません。

これはそのまま、政府にとって都合がいいので、「国のコストをだれが負担するかを意識させない」ようにしてきたからでもあります。

国がお金を使うというのは、基本的に国民から集めた税金を使うということです。

国が使うお金が増えるということは、取られる税金も増えるということです。

「国の財政が苦しいから払う年金の額を減らします」とすると、その足りない分を負担させられるのは本人ですので、猛烈に反対されるでしょう。

消費税の増税が国民の評判が悪いのも同じ理由からです。

ところが、「税金が足りないので借金をして使う」というとどうでしょう。「その金は誰が負担するのかあいまいにできる」という効果があります。

仮に国が国債を発行するたびに子供を持つ親を呼び出し、国債の連帯保証人として署名捺印を要求したら、つまり国債の返済をするのはこの人だと明確に示したら、強硬に反対するのではないでしょうか。

さらに、国がいくら借金をしても当事者意識がないのは、以下のような意識を持っているからではないでしょうか。

若者‥自分達にはお金がないのだから、国の借金はお金を持っている人が返すべき
高齢者‥収入のない私たちの貯金で借金を返すなんてありえない、将来性のある若者が将来返すべき

つまり、国債の返済は国民の誰もが「将来返済するのは自分じゃない」と考えているから文句がでないのです。

かくして日本は、返すあてのない借金が、借金を背負わされる国民が無自覚なまま、どんどん増え続けています。

問題を先送りした量が多ければ多いほど、壊れたときの衝撃が大きいのは自明の理です。

国債は国の借金なのに、返すのは国民

ここで「国債は国の借金であって国民の借金ではないのでは」と思う人もいるかもしれません。そもそも、「国債とは国が発行する債券で、国の借金」という説明もよくなされます。

国の借金を、わかりやすく家計にたとえてみましょう。[*24]

ある家庭に、働かないでお金を使うだけの父親と、家庭にお金を入れている働きものの娘がいるとします。父親の借金は「国債」で、娘が家に入れる生活費は「税金」の比喩です。

娘は月給の中から父親に少し生活費（税金）を入れます。父親の収入はそれだけです。父親は娘からもらった生活費以上は使えませんが、それだと足りないと、娘から別に借金（国債）します。そして娘から借りたお金でおいしいものを食べに行ったり、海外旅行をしたりします。学生の弟や引退した祖父も、父親の行動に対して嬉しそうにしています。

実はこの家庭はお金を使う係を父親にするか、母親にするかで4年に1回家族の投票で決めています。

弟や祖父は次回の投票でも父親に入れようと思っています。父親は優しくて、贅沢をさせてくれるからです。しかし、母親は借金やむだ遣いが嫌いです。ふたりは母親には投票しません。

そしてとうとう父親は、娘の持っているお金を全部借りて使ってしまいました。つまり、娘の貯金まですべて国債で吸い上げてしまったということです。国債とは、この状態で「娘には父親向けに貸付をしたという『債権』を持っている。貸付金というのは立派な資産だ。借金をしているのは父親で、娘は資産を持っているのだ」といっているようなものです。**娘のお金を全部使っているにもかかわらずです。**ちなみに、債権とはお金を貸していて、返してもらえる権利を持っていることです。債務とはお金を借りていて、返さないとならない義務のことです。

父親は働いていません。つまり、娘からの借金の返済原資（返済にあてるお金）は毎月娘からもらう生活費（税金）です。そして父親の借金は、娘から今後もらう20

年分くらいの金額になってしまっています。しかし、優しい娘は父親がきちんと返してくれると信じて言われるままに貸し続けます。

国債の返済原資は結局国民からの税金です（この例では娘が家庭に入れる生活費）。例でみると、父親は贅沢をしているけれど、家族のためにお金を使っています。つまり、「国が国民の代わりに借金をしている」ということになります。その借金は、どうやって払うかというと税金からです。つまり、私たちは知らないうちに借金をしている（つまり債務）のです。**ちなみに、国債（債権）と債務を相殺すると国民の預金は1000兆円分減っていると言われています。**

また、国債は銀行が私たちの預金から買っていることもあります。そういう意味でも勝手にお金を使われていると言えます。

家計にたとえること

24. 国の債務問題を家計にたとえるのは本質的に間違っているという意見もあり、最近は財務省もやらないようですが、わかりやすいのであえて使います。

国民が日本を見捨てるときとは、外貨に替えるとき

怖いのは日本人が日本を見捨てるときだと述べました。さきほどの例では、娘が父親に自分のお金を全部貸してしまう前に、ばかばかしくなって家を出て行ってしまうような場合です。

では、ここで具体的に日本人が日本を見捨てるというのはどういう状態のことを言うのでしょうか。

日本人による日本の見捨て方にも諸説あって、実は絶対的な正解はないのですが、**私は日本人が円を売って、外貨に替えるときなのではないかと思っています。**もし、日本円がいつか紙くずになってしまうと思うなら安全そうな外貨に替えておけば助かります。中国人の多くは外貨に替えると先に述べましたが、そうなるとその通貨は暴落するので、政府が規制しているのです。

実際に、ワイマール共和国（第一次大戦後のドイツ）で発生した驚異的なインフレのときも、それが発生する前に資産を外貨に替えていた人達は助かりました。戦後の日本でも、多くはなかったとはいえ、外貨に替えていた人は大損を免れています。

つまり、日本人が日本を信用できないと思うなら、アメリカドルなどに替えておけばいいのです。しかし、今の日本人は、ほぼすべての資産を円で持っています。

この背景には、私は「過去何十年もの間、日本人はドルを買うたびに損してきた」という経験があるからだと思っています。

日本は借金まみれだし、外貨にはしたいけれど、それも果たしていいのかどうか、という問題がでてきます。しかも、為替のところでお話ししましたが、為替には読みづらいというリスクがあります。

1980年以降の1ドルあたりの円の推移

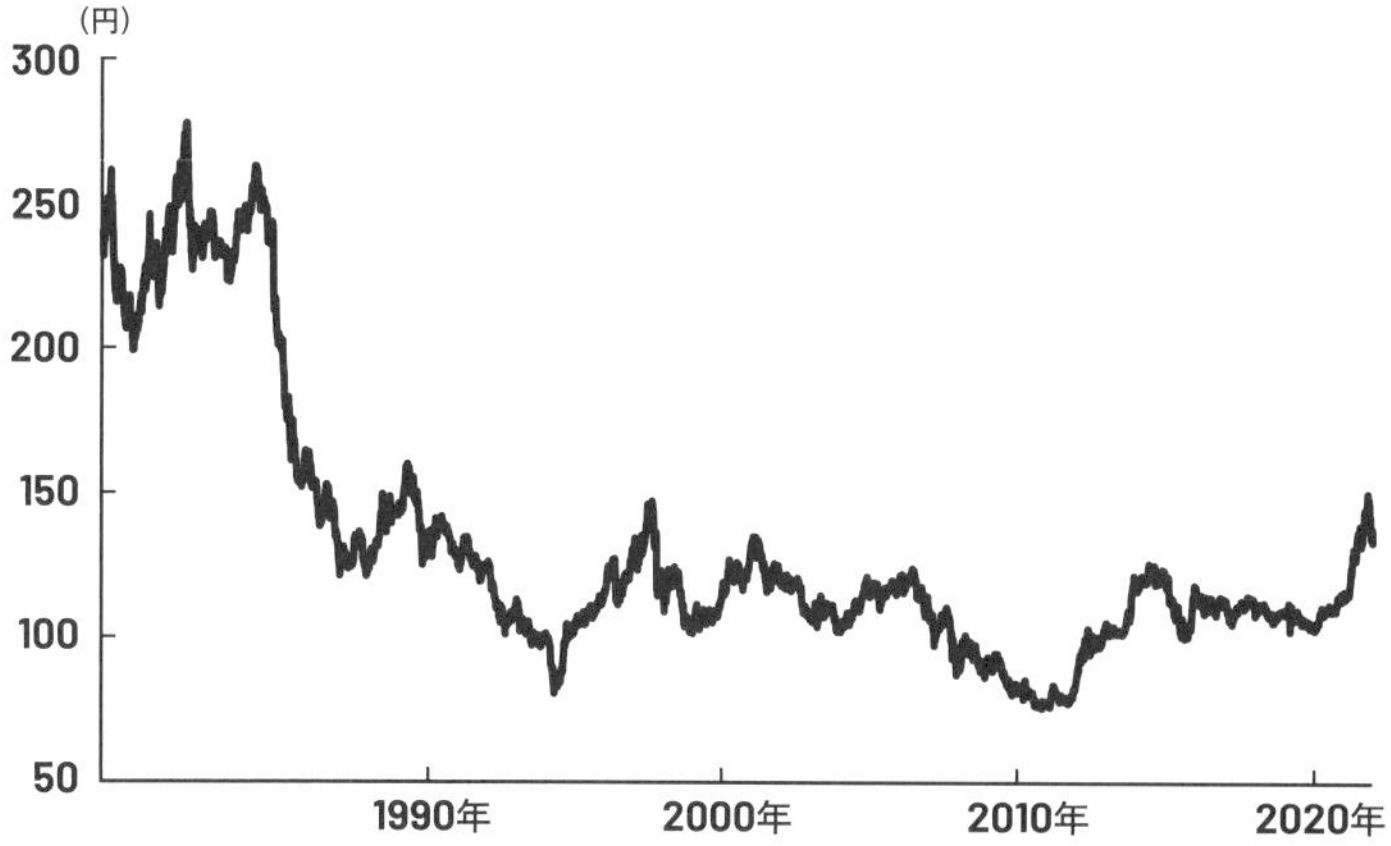

出所=ブルームバーグ等のデータを基に著者作成

上は、1980年以降の、円に対してドルがいくらかを表したグラフです。たしかにずっと下がっており、「日本円を売って米ドルに替える」という行為は投資としては効果が低いことがわかります。

これはどうしてなのかというと、過去40年くらい、日本の経常収支がずっと黒字だったからです。

経常収支を見れば、国全体の様子がわかる

経常収支という聞き慣れない言葉が出てきました。ここで、少し経常収支について説明しましょう。

経常収支とは、ざっくりいうと「国全体で考えたときに、お金が入ってくるのか、出ていくのか」ということです。

細かい内訳はいろいろあるのですが、とりあえず、「貿易」と「所得」だと思っておきましょう。

経常収支＝貿易収支＋所得収支

貿易収支というのは、輸入と輸出です。たとえば、日本でつくった車が海外で売れたら貿易黒字、日本が外国から原油を買ったら貿易赤字です。それを全部足し引きし

日本の経常収支（2021年）

	金額
貿易・サービス収支	▲2兆5,255億円
貿易収支	1兆7,538億円
輸出	82兆2,724億円
輸入	80兆5,186億円
サービス収支	▲4兆2,793億円
第一次所得収支	20兆3,811億円
第二次所得収支	▲2兆4,197億円
経常収支	15兆4,359億円

出所＝https://www.mof.go.jp/policy/international_policy/reference/balance_of_payments/preliminary/pg2021cy.htmより作成

たものが貿易収支です。

所得収支というのは、外国からの金利や、外国にある子会社からの配当のことを言います。海外にお金を貸したときや、親会社は日本にあるけれど、子会社を海外につくったとき、その子会社が稼いだお金を配当してもらえます（親会社は、子会社の利益から配当金をもらえるというルールになっています）。

それらを合わせたものが、経常収支だととりあえず理解しておきましょう。

ちなみに２０２１年の日本の経常収支は上のようになっています。

この表を見ると、日本の経常収支は黒字を保っていますが、黒字のほとんどは海外子会社からの配当や、外国からもらう金利だということがわかります。

さて、経常収支が赤字の国はどうなるのでしょうか。

国レベルでお金が足りないと、足りない分は外国から借金することになります。

具体例で考えてみましょう。

たとえば輸入で10ドル支払うとします。同時に輸出で5ドル稼いだとします。とすると、差額の5ドルは借りてこないと払えないことになります。[★25]

ちなみにアメリカは経常収支が赤字国なので、外国から借りています。しかし、アメリカは他の国とは違った有利な立場にあります。

アメリカは基軸通貨国なので「外国から借金をするのに自国通貨建てで借金できる」という必殺技が使えるのです。

つまり、自国で紙幣を印刷して返すという技が使えます。

日本の経常収支はずっと黒字だった

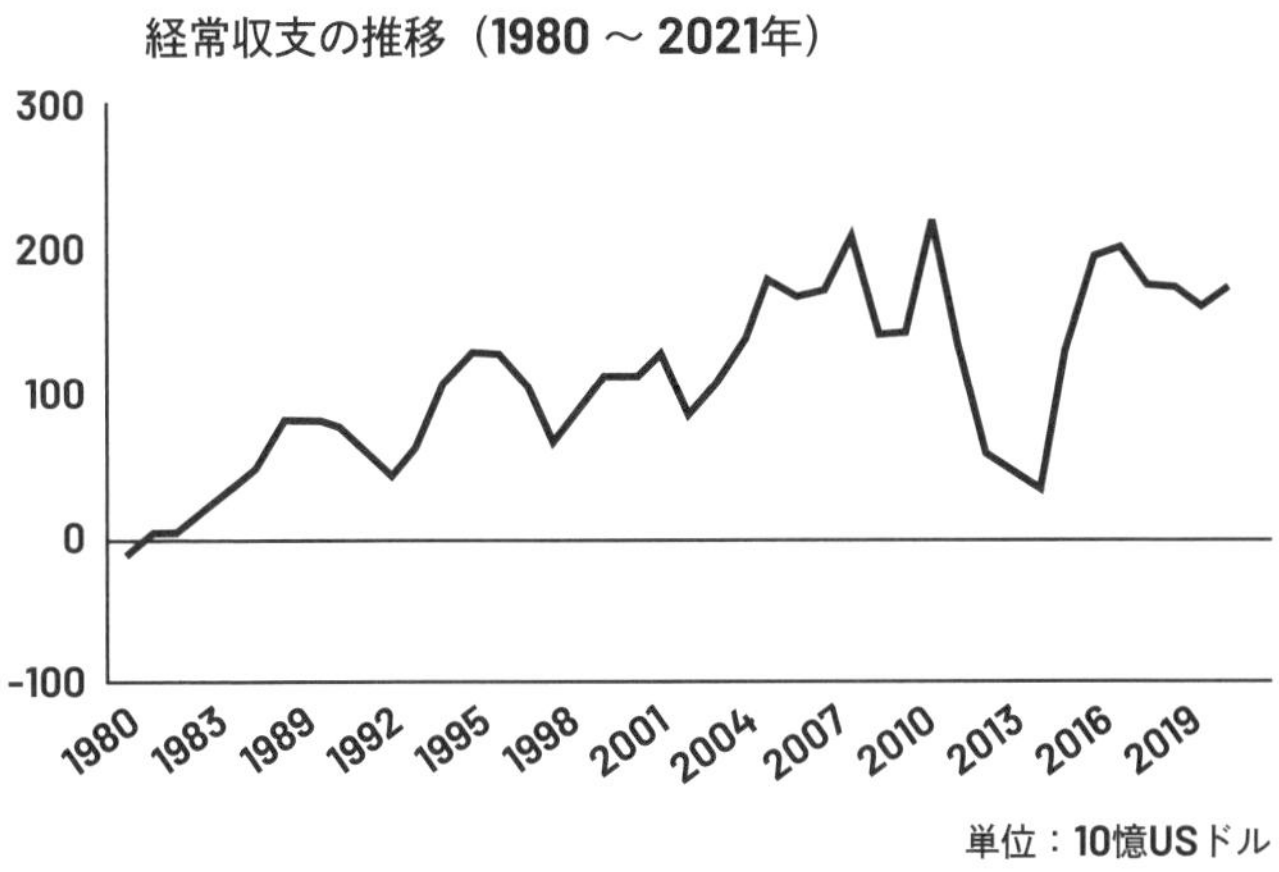

出所＝https://www.imf.org/en/Publications/WEO/weo-database/2022/October等のデータを基に筆者作成

そのうえ、為替リスク（為替レートが自分に不利な方向になるかもしれないこと）は金を貸してくれている国が負ってくれます。夢のような立場です。

日本は戦後の努力もあって、対米で大きな貿易黒字を計上していました。その膨大な貿易黒字はドルで入ってきます。だから、日本はそのドルをそのままアメリカに貸してきました。

そして、何十年もそのままずっと貸しています。

ちなみに、ここで「もらったドルは売ればいいのではないか」と思った方もいるかもしれません。そうなれば自国の利益になります。

しかし、自動車会社が稼いだドルを売って円に替えたとしても、そのドルを買うのは日本の金融機関だったり、政府の外貨準備になったりします。そして、金融機関や日本政府はそのドルでアメリカの国債を買ったりします。これは結局、日本全体でみるとアメリカにお金を貸すのと同じです。[*26]

こうして、日本は貿易で稼いだドルをアメリカに貸していました。しかし、為替リスクを取らなければならないので、ドルが下がって損するのはいつも日本でした。

このように、貿易がずっと黒字で、経済収支も黒字でドルを持っても、その分下がって損したので、日本人の間では、「結局日本円で持っているのがいい」というイメージが定着したように思います。

ところが、ついに日本の経常収支も苦しくなっています。

2022年の経常収支はロシアのウクライナ侵攻によるエネルギー価格の高騰やコロナのワクチン購入費など一時的な要因もありますが、赤字に転落しています。

経常収支の黒字から赤字への転落が、ここからもし定着するようなら根本的な変化です。

経常収支の黒字は、長年日本円の信頼を支えてきました。

しかし、赤字になったとたん、日本人が「円が心配だからドルに替えよう」と動き始めると、一気に事態が変わってしまうのではないかと思います。

繰り返しになりますが、お金は信用という得体のしれない、概念みたいなものなので、壊れるときは一気に壊れてしまいます。

ですので、これからの日本の動向については十分に注意して見ていかなければなりませんし、**少なくとも保険をかける意味で資産の相当量を外貨に替えておくのがいいのではないかと私は考えています。**

もし、日本の人口構成がきれいで、出生率も高く、人口も順調に増え、少子高齢化も止まり、財政健全化が進み、ＧＤＰも順調に伸び、国際競争力もあり、経常収支も黒字で、生産性も上がり、財政的にも強固な状態がやってくるなら、あえて為替リスクを取ってまで外貨に替える必要はありません。

経常収支について

25. もし国がドルを現金でたくさん持っていたらそれを取り崩して払うということもできます。ちなみにトルコの貿易赤字は14兆円くらいかと思いますが、外貨の貯金（外貨準備高）はその10分の1もありません。

アメリカの貿易での圧力について

26. アメリカは、経常赤字が膨らんで苦しくなってくると、日本に圧力をかけて円高に誘導します。円高になると、日本の輸出は減少します。同時に日本が保有している米国債の円ベースの価値も大きく下がって、保有している金融機関などに損が発生します。こうすることで、アメリカの貿易赤字は減る、というわけです。弱い日本は逆らえません。日本は円高にされると、日本の工場でつくっていては採算性が悪くなります。そうなると、日本で従業員を解雇し、工場を畳みます。そして、現地の通貨で払え、そのまま出荷できる外国に工場をつくったり、アメリカで車をつくったりして、死に物狂いで円高に対応してきました。

第7章

本当の「景気」を読む

景気のよし悪しが判断できるようになる

景気がいいや悪いは、日常的に話題に上ります。関西では「儲かりまっか」「ぼちぼちでんな」という景気を聞くことがあいさつにまでなっているくらいです。

景気のよさは投資にも大きく影響します。景気がいいと企業業績もよいわけですから、株価も上昇して投資家も儲かります。また、海外に投資するときなどにもその国の景気のよさを調べることが大切になります。

お金を増やしたいなら、景気を読む力をつけることは必須です。

「今日はいい天気ですね」のあいさつの代わりに使われる、「景気がいい」というのはどういう状況を指すのでしょうか。

感覚的には「物がよく売れて、お金が入ってきて、利益も出て、従業員の給料が増え、いろいろな買い物や旅行ができて、貯金も貯まって、みんなが嬉しい状態」でしょうか。反対にものが売れず、会社が赤字になり、お給料が減ってものが買えず、みんなが悲しい状態が「景気が悪い」というものでしょうか。

では、公式には何をもって景気がいいとか悪いとかを判断するのでしょうか。

実はこれは、けっこう複雑で簡単ではありません。

内閣府経済社会総合研究所で研究されている「景気動向指数」というものがあります。この指標により、内閣は景気のいい悪いを判断しています。ちょっと覗いてみましょう。

景気動向指数

	30系列（2021年3月以降）
先行系列	最終需要財在庫率指数（逆）
	鉱工業用生産財在庫率指数（逆）
	新規求人数（除学卒）
	実質機械受注（製造業）
	新設住宅着工床面積
	消費者態度指数（2人以上世帯） ※第13次改訂から季節調整値に変更
	日経商品指数（42種）
	マネーストック（M2）（前年同月比）
	東証株価指数
	投資環境指数（製造業）
	中小企業売上げ見通しDI
一致系列	生産指数（鉱工業）
	鉱工業用生産財出荷指数
	耐久消費財出荷指数
	労働投入量指数（調査産業計）
	投資財出荷指数（除輸送機械）
	商業販売額（小売業）（前年同月比）
	商業販売額（卸売業）（前年同月比）
	営業利益（全産業）
	有効求人倍率（除学卒）
	輸出数量指数
遅行系列	第3次産業活動指数（対事業所サービス業）
	常用雇用指数（調査産業計）
	実質法人企業設備投資（全産業）
	家計消費支出（勤労者世帯、名目）（前年同月比）
	法人税収入
	完全失業率（逆）
	きまって支給する給与（製造業、名目）
	消費者物価指数（生鮮食品を除く総合）（前年同月比）
	最終需要財在庫指数

出所＝内閣府経済社会総合研究所　https://www.esri.cao.go.jp/jp/stat/di/hensen.pdfより作成

とても複雑です。これをきちんと理解しようとするとかなり大変です。もっと景気のよし悪しを理解するための手軽な方法はないのでしょうか。たとえば、GDPはどうでしょうか？

GDPとはgross domestic productの略で、「一定期間の間に国内で生み出された付加価値の合計額」と定義されます。

「付加価値の合計額」とは一体何でしょうか？　また、なぜ合計するのでしょうか。仮に「日本中の売上を合計する」としたら、日本全体の経済の規模がわかってくるような気もします。

ここでまた、国の規模を小さくして考えてみましょう。日本の国民をA、B、C、Dの4人とします。

そこで、ある1年間で、以下のような経済活動が起きたとします。

●最初にAが貝殻を拾ってきて、ペンダントにして100円でBに売ります。
●Bはそのまま Cに100円で売ります。

●さらにCはそのまま100円でDに売ります。

そうすると、売上の合計は100＋100＋100＝300円となります。

この状態だと儲かっているのは貝殻をただで拾ってきて100円で売ったAだけです。

GDPの計算の仕方①

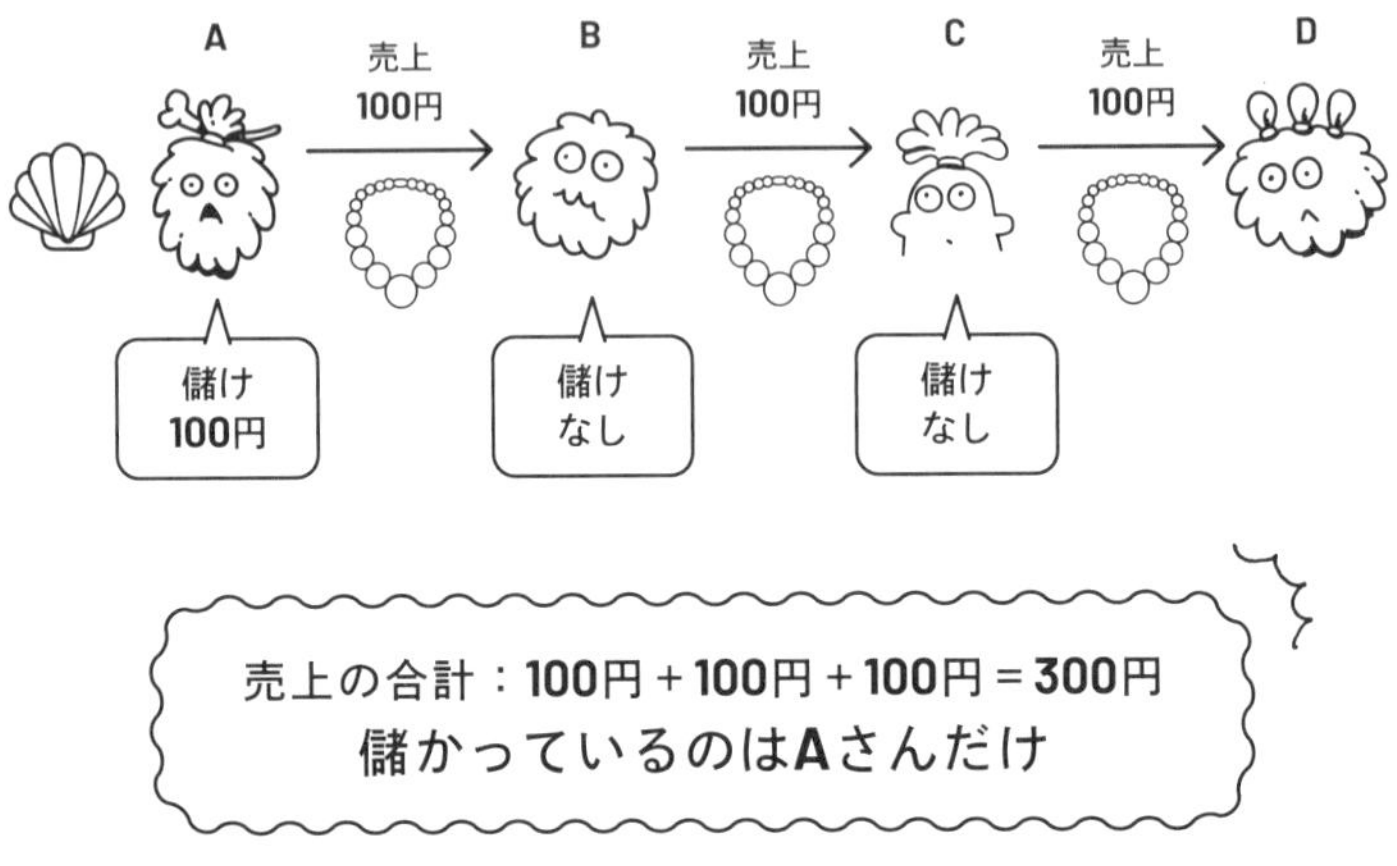

このまま100回転売すると売上の合計は1万円になりますが、やはり儲かっているのは最初のAの100円だけです。

つまり、売上を単純合計するのは豊かさを知る上では意味がないようです。

では、以下のような場合はどうでしょうか。

- Aが貝殻を拾ってきて、ペンダントにして100円でBに売ります。
- BはそれをCに110円で売ります。
- さらにCはそれを120円でDに売ります。

この状態だと儲かっている人が増えます。

● Aの儲け100円
● Bの儲け10円
● Cの儲け10円

国全体で120円の儲けになります。

仮に転売を100回して、1回の転売で10円ずつ儲かれば、利益の合計は1100円となります。**つまり、「付加価値」で儲けた額を合計するのは、その国の豊かさを知る上では意味があります。**この数字が大きいと、それぞれ国民の儲けも大

GDPの計算の仕方②

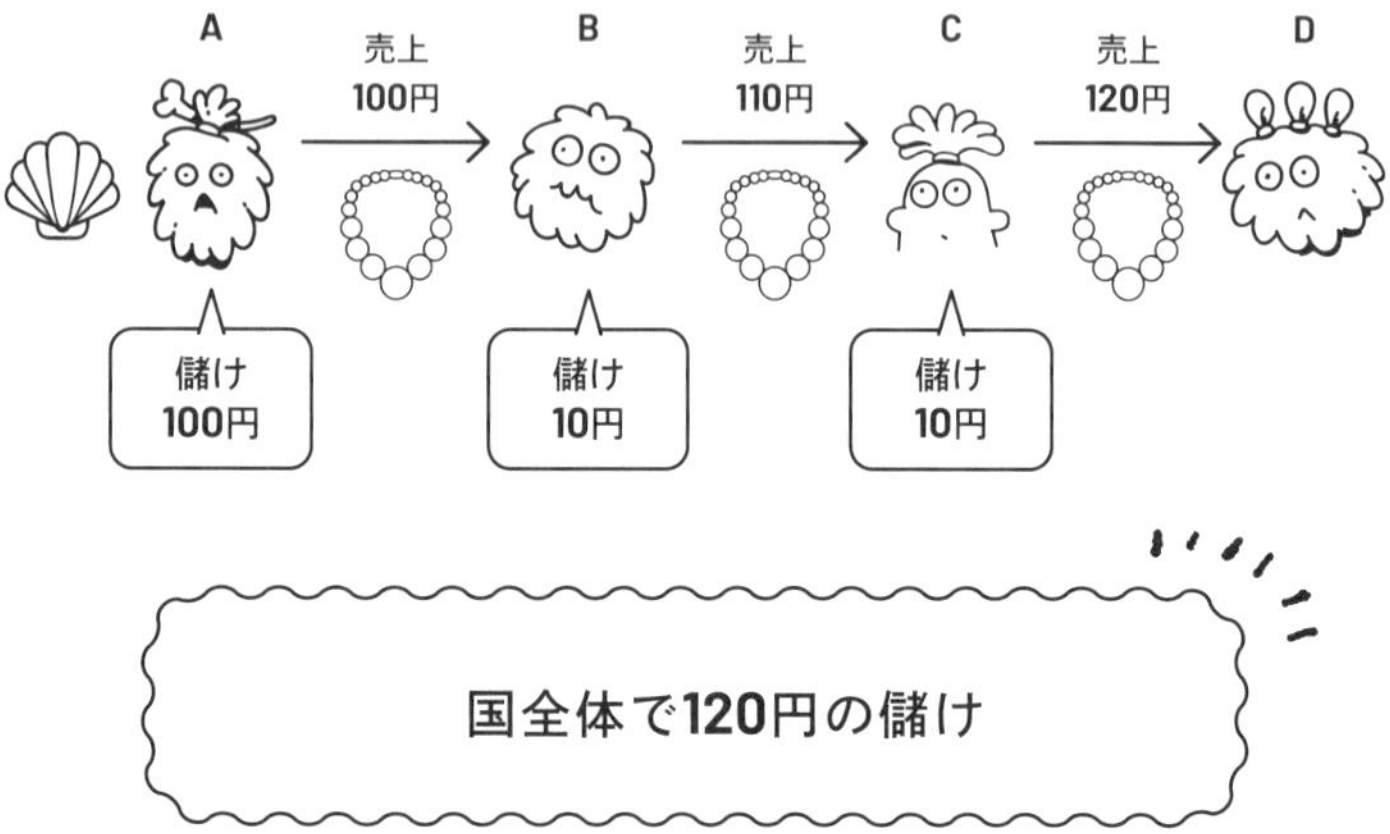

きそうだということもわかります。

ＧＤＰで景気の度合いを知ろうとするのは簡単にいうとこういうことです。つまり、ＧＤＰは景気を知るのに使えます。そして、見るのは「ＧＤＰがどれくらい大きいか」という点だけでいいのです。

ところが、テレビや新聞では、ＧＤＰの成長率ばかりが話題になっています。日本のＧＤＰはざっくり500兆円ですが、規模よりは、「それが去年に比べて何％くらい大きくなったか」ということを気にしています。「中国の成長率が、去年は10％だったのに今年の日本は５％だ。大変だ」というものです。「経済成長率がマイナスになるなんてことは絶対に許されない」といった雰囲気で、成長率が鈍化しただけで大騒ぎです。

ではここで、ある年に皆が幸せなレベルのＧＤＰがあったとして、翌年も同じＧＤＰではいけないのだろうか？　ということを考えてみたいと思います。

たとえば年収２０００万円で幸せだった人は、来年も２０００万円もらえれば幸せなのではないでしょうか？　それどころか少しくらい減ったところで大丈夫な気もします。

「経済成長はしなくてはいけない」については、いろいろな考え方があり、一概には言えません。

ただ、現代社会は「経済は成長する」という前提でいろいろなことが設計されています。設備投資や生産計画などが成長を前提にしているために、成長をしないと、予定が狂って損失が発生したり、社員があまってしまい貧しくなってしまうのです。

住宅ローンを組むときに「5年後、10年後は今より出世するなどにより、収入が増えているはずなので、そのころのローンの返済額を今より多くなるようにしておこう」と予定することもあります。

また、経済成長ができれば、基本的に今より将来の方が豊かになり、今よりよい暮らしができるようになるはずです。人間は「将来は今よりよくなる」と思わないとやっていけない、というところもあります。

そして投資をする上で重要なことは、細かい理由はともかく、**「経済成長しているときは株は買い＝株価上昇」であり、「経済成長が鈍化したり、マイナスになったときは株は売り＝株価下落」と市場参加者が思っていることです。**これはある意味、おきてや宗教のようなもので、逆らっても仕方ありません。

日本のような人口減少国のGDP成長率はいくらあればいいのか？

もうひとつ、重要な例として、人口が増える場合を考えてみましょう。

先ほどの例では、4人でGDPは120円。つまりひとり当たりの平均は30円でした。もし翌年人口が5人になるとして、みんなが同じ水準の暮らしをしたいと思えば、国全体としては30×5＝150円のGDPが必要になります。GDPの成長率としては150／120＝1.25、つまり25％の成長が必要となります。これは人口増加率5／4＝1.25と同じです。

つまり人口が増えている場合は、以前と同じ豊かさを維持するためには、その分だけ成長しないといけない、といえます。

しかし、日本のようにこれから人口が減っていく国のGDPの成長率はどれくらいあればいいのでしょうか？

理屈の上では人口減少にともなってGDPが減ったとしても、人口が減るスピードよりも経済成長のマイナス幅の方が小さければよさそうな気もしますね。しかしながら、この前提で国民が幸せになるパターンは、現在、グローバルでみても確立されていません。新しい方法を画策するのは、非常に困難なのではないかと思われています。日本は、そういう未知の領域にいます。私は、やはり無理に移民を入れてでも、人口問題を解決せざるを得ないのではないかと考えます。

GDPは人為的に増やすことができる

ここまで読んだ方は、なぜ政治家がGDPを増やそうとするのかわかったと思います。GDPが増えれば、「政治家のおかげで、給料も増えて、生活が豊かになった。次の選挙も投票しよう」という流れができるからです。自分のおかげで増えたということになるのであれば、計算上のGDPの数字を大きくしたくなるのは当然でしょう。

では、ＧＤＰを人為的に増やすことはできるのでしょうか？

ここまで見た通り、ＧＤＰは国民が働いた結果ですので、簡単に増やすことはできません。政治としては、ボトルネックになっていた規制を緩和したり、努力した人が報われ、反対に既得権益をむさぼる人たちを駆逐したりするなどしかありません。

ところが、ＧＤＰをかさ上げすることは可能です。「財政出動」をすればいいのです。[27]

財政出動とは、景気をよくする目的で行われる政治政策のことで、資金を市場に投入して、国内総生産（ＧＤＰ）や雇用、民間消費などを増加させるものですが、ＧＤＰのかさ上げに使われることもあります。

簡単にいうと、政府がものを買うのです。

先の例を思い出してください。ＧＤＰは120円でした。

もしここで政府が登場して、Ｄからいきなり240円でペンダントを買うとします。

この貝殻のペンダントは120円がいいところで、民間ではそれ以上の値段では買いません。ところが政府はあえて割高な値段で買いました。そうすると次のようになります。

●Aの儲け100円
●Bの儲け10円
●Cの儲け10円
●Dの儲け120円

100＋10＋10＋120＝240

こうすることで、一気にGDPが倍になります。

見せかけだけのために税金を使うということなので、こういうお金の使い方をするのはよくありません。それでも税収がたくさんあり、集めた税金から使うのならまだいいのです。しかし、そんなお金は日本にはもちろんありません。

つまり、「経済成長を借金した金で買う」政策といえます。

実はこういうことは世界中で起きています。民主主義を採用している国では必ず起きます。選挙で当選しないといけないからです。

国民にとっても売上が伸びたりするのでそのときだけは嬉しいのですが、しかし、単に借金をしているようなものです。「この政治家になってから景気がよくなった」と思っても、見せかけにだまされると、結局は自分の借金が増えてしまっていることになりますので気をつけなければいけません。

財政出動をしたGDPの計算

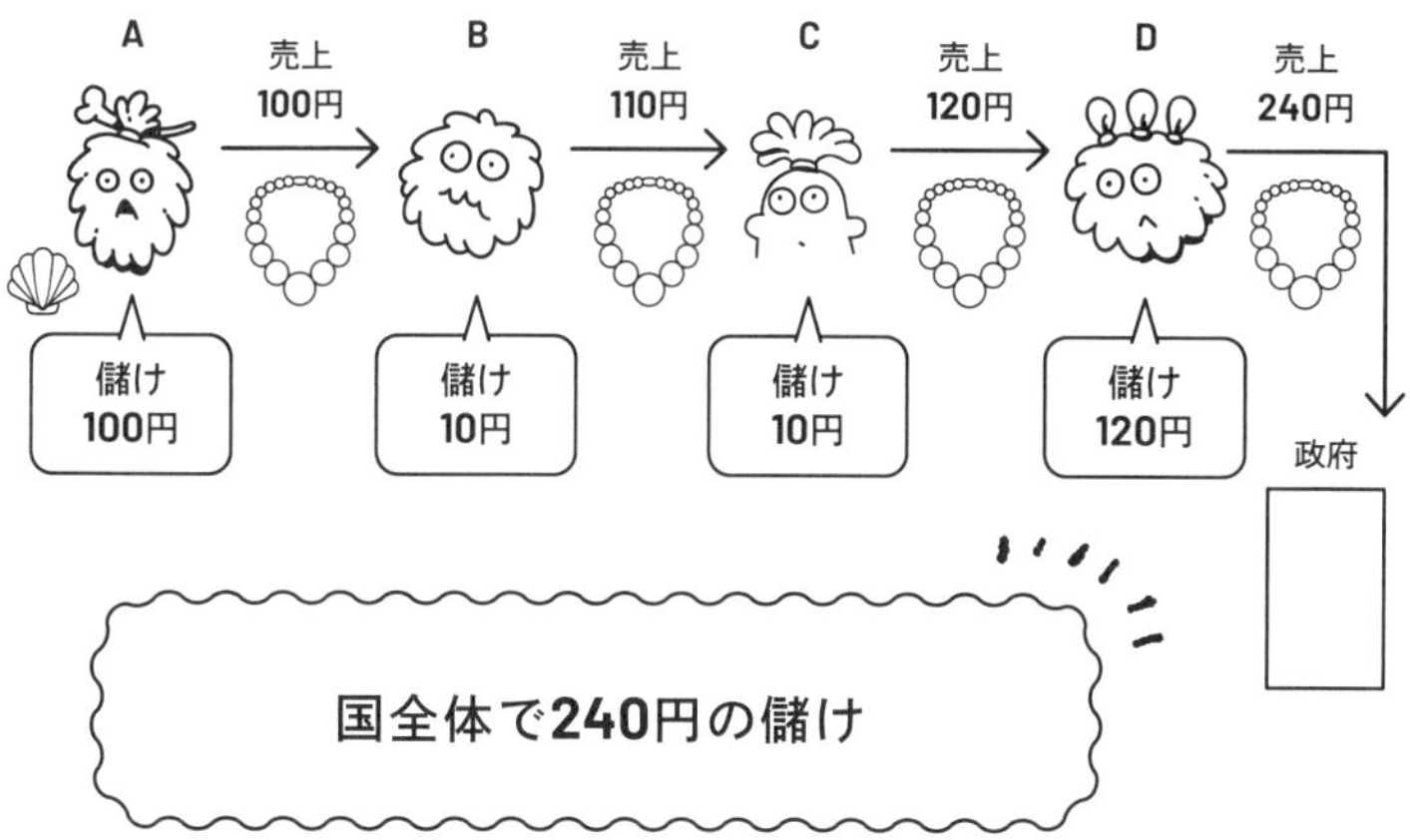

「不況なので国民ひとりにつき、10万円給付します」という政策も似たようなものです。借金した金をばらまき、「後で増税するから返してね」ということです。

財政出動について

27. 今回はわかりやすくするため、かなり乱暴な説明をしています。正しい財政出動ももちろんあります。

その国の経済システムがちゃんとしているかを見るには、ＧＤＰの中味をチェック

その国のＧＤＰを見たいなら、こういった政府による嵩《かさ》上げを、政府が借金をしたお金でやっていないか確認する必要があります。

もちろん、政府が財政出動をすることが悪いといっているのではありません。国の経済を運営するとき、政府が果たす役割は当然あります。

ざっくりいうと、世界中の国で、ＧＤＰの25〜30％くらいは政府が使ったお金です。そしてこの比率は何％が正しいとか、何％以上になったら危ないというものでもありません。国によって事情が異なるからです。

さて、みなさん、大きい政府と小さい政府という言葉を聞いたことはあるでしょう。

大きい政府とは、政府が経済活動に積極的に介入すべきだという考え方です。年金もたくさん配るし、公共工事もたくさんするし、その代わり税金もたくさん取るという政府のことです。代表的なのは、北欧のスウェーデンですね。

また、小さい政府とは、大きい政府の逆で、政府は最低限だけ経済活動に介入すればよいという考え方です。アメリカは小さい政府の考え方です。

大きい政府がいい場合もあるでしょうし、小さい政府が国民性にあっている場合もあるでしょう。**いずれにしろ、大切なのは国の借金と比較しておくことです。これは政府のＨＰなどで見ることができます。**

大きい政府で税金をたくさん取っていたとしても財政に余裕があれば健全でしょうし、小さい政府でも税金を取らずに財政赤字であれば、健全ではないということになります。

なお、政府の関与度合いも大切ですが、ＧＤＰの内容がどういうものでつくられているかを確認することも大切です。**一般的には国内の消費の比率が高い方が健全だといわれています。**

たとえば、破竹の勢いで経済成長を成し遂げた中国では、ＧＤＰの３割は不動産というかなり中身の危ない数字になっています。不動産は、銀行がたくさん貸し込んでいるので、もし不動産市場が崩れてしまったら、金融システムが大きく傷むからです。金融システムを壊すのは不動産であると断言していいのですが、これについては次の章で説明します。

GDPを見るときは、無理をしてつくった数字になっていないかどうか必ず確認しましょう。そうしないとしっぺ返しが自分に来ることになります。

株価が高ければ景気はよい？

景気といえば株価も指標です。株価が高いと、景気がいいと見なされます。結果を見るだけではなく、株価がどうして上がっているかを理解できるようになると、その「株価上昇」が見せかけかどうかもわかるようになるはずです。

株が上がったところで、嬉しいのは株を持っている人だけで、株を持っていない人には株の上昇はあまり関係ないようにも思えます。どうして株価は指標になっており、かつ高いといいのでしょうか。

それは「景気がいいと会社が儲かり、会社が儲かると、その会社の株価が上がる」という関係にあるからです。つまり、景気がよい＝株価上昇、ということです。

テレビや新聞では毎日、必ず株価が報道されますね。

「本日の日経平均株価の終値は前日比3.2％のマイナスで、これは○○を嫌気した売りでした」といった具合です。

政治家も株価のことはとても気にしています。

ある首相の在任中に平均株価が下がったりすると、その首相はだめな政治家だった、という評価になりかねません。また株価が上がると「立派な政治家だった」というムードになります。

株価がいいように見えても落とし穴があるので ひっかからない

では、GDP同様、政府が株価を操作して高くすることはできるのでしょうか？ 政府としては、株価が上がると政権支持率も維持されます。ですので、こちらも正攻法以外の方法を使う場合があります。

それは、国民の年金を運用している機関や、日銀に頼んで日本の株を買ってもらえばいいのです（いずれも政府のいうことを聞かせやすい機関だといってもいいでしょう）。株とは、誰かがお金を出して買い続ければ必ず上がります。業績がよかろうが悪かろうがです。

これまでに日銀が買ったETF★28（上場投資信託）の残高は2023年3月末時点で約51兆円です。これは、国内ETF市場全体の約8割を占め、国内株式市場の約7％相当にまで膨れ上がっています。★29

もちろん、株は本来「業績がいいから上がる」ものです。むりに株を買うことで「株価を上げても、業績がよくなる」わけではありません。

風邪で熱が出たときに体温計で熱を測ったとします。もし風邪が治って、その結果として熱が下がったのであれば何の問題もありませんが、「体温計に表示される熱が下がればいいんだよね。じゃあ体温計に氷を押しつけよう」では意味がありません。

株価が高い割には、景気がよいという実感がないようなときは、こういうことを疑ってみましょう。

ETFとは

28.「Exchange Traded Funds」のことで、証券取引所に上場し、株価指数などに代表される指標と連動する運用成果を目指す投資信託のこと。売買がしやすく、手数料が安いのが特徴。

日銀がETFを大量に購入

29. これは異次元緩和の一環として買ったことになっていて、いずれは売却する約束になっています。しかし日銀が51兆円もの株を売却すると相当な株価の押し下げ要因になるため、売ることは現実的ではありません。永遠に塩漬けなのではないかと心配されています。なお、異次元緩和とは日本銀行が黒田東彦総裁のもとで、従来の政策の枠組みから大きく変更した金融緩和の通称です。正式には「量的・質的金融緩和」といいます。要するにめちゃくちゃに金利を下げて、それでも足りなければ市場の国債を買いまくって市場にお金を大量に供給すれば、デフレもおさまるだろうというような考え方です。結局何年やってもうまくいきませんでした。

第8章

歴史から学ぼう！

歴史の勉強は役に立つ

投資は「これから起こることを予想する」という作業にほかなりません。

そしてこれから起きることを予想する上で、過去に起きたことを参考にするのはとても有効です。

人は、びっくりするくらい同じ過ちを繰り返します。自分を振り返ってみても思うのですが、同じ人間でも間違うので、メンバーが変われば同じ過ちを繰り返すのは当然ともいえます。

たとえば、あるものの値段が異常に高くなりすぎると、いずれ価格の調整が起きて暴落することになります。バブルが崩壊したのもこれです。

歴史上最初のバブルといわれているのが、17世紀に起きたチューリップバブルです。

350年ほど前に起こりました。

これは、チューリップの球根の価格が上がり、1個で高級住宅が買えるほどの値段になったバブルです。その後大暴落し、損した人が大量に発生したという事件ですが、もしこのときに「論理的に考えて、高すぎる値段になったものはいずれ暴落する」ということを本当に人々が学んでいたなら、その後のバブルで大損することはなかったでしょう。チューリップバブルから、数百年間にわたってバブルは繰り返し起こっています。

世界経済では、ざっくり10年に1回くらい面倒なこと、いわゆる「危機」が起きています。ここ100年の間で起きた有名な危機だけでもかなりあります。危機が起きるたびにもちろん株価は暴落するので、投資が大変になります。

大きな金融危機はこれ

世界恐慌
ブレトンウッズ体制崩壊
ニクソンショック
プラザ合意
⇒
円高パニック
中南米危機
日本のバブル崩壊
ブラックマンデー
ポンド危機
アジア通貨危機
ITバブル崩壊
リーマン・ショック
ギリシャ危機

危機が起きないように世界の指導者たちは苦労しているにもかかわらず、次々と発生します。興味がある方は、右に載せた危機を勉強しておくと、かなり投資の役に立ちますが、ここでは特に大事だと筆者が思っているものを3つだけ選んでみたいと思います。この3つの成り立ちと経過がわかれば、基本は押さえられたと思ってOKです。

- ●1930年頃の世界恐慌
- ●1990年頃の日本バブル崩壊
- ●2008年頃のリーマン・ショック

もし興味が湧いたら、他の危機も調べてみるのも楽しいかと思います。

まずは世界恐慌

この恐慌は、「有事の際、政府が正しい対応をしないといかにひどいことになるか」を世界に知らしめたという意味で学びが多い危機です。

世界恐慌は、歴史上最悪の景気悪化です。世界中の景気が悪くなり、国中が失業者であふれ、結局第二次世界大戦へとつながっていきました。あまりにひどかったので、当時の世界中の人がこれだけは二度と繰り返さないようにしようと心底思いました。

なぜ、世界恐慌は起こったのでしょうか。

第一次世界大戦が終わったあとの1920年代のアメリカは、景気がよく、家や車を庶民が買いはじめた時代です。株式投資も流行していました。この頃、投資信託も発明され、株を買う人にお金を貸す人も増えて、不動産も値上がりします。戦争も終わり、平和な時代がくると思われていました。

特に株は1924年からの5年で5倍くらいになります。バブルです。道で靴磨きをしている少年までもが株で儲かったという話をしていたほどで、それを見た当時の大統領が恐ろしくなって株を全部売ったという逸話があるほどです。

当然こういう状況はいつか壊れるわけですが、壊れ始めたのは1929年でした。そこから1カ月くらいで株価は半分くらいになりました。**そもそも株が不当に高すぎたわけですから、何かのきっかけで暴落することはある意味明白でした。**

もちろん影響は株の下落だけですむわけはありません。1933年のアメリカの失業率はなんと25%。4人にひとりが失業しました。こうなると、自殺も増え、犯罪も増えます。給料も、4年間で35%も下がりました。

さらに株価ですが、1934年までになんと89%も下落しました。約10分の1です。

これでも十分ひどいのですが、とりあえず、ここまではアメリカ国内の問題でした。

大暴落したニューヨークダウ

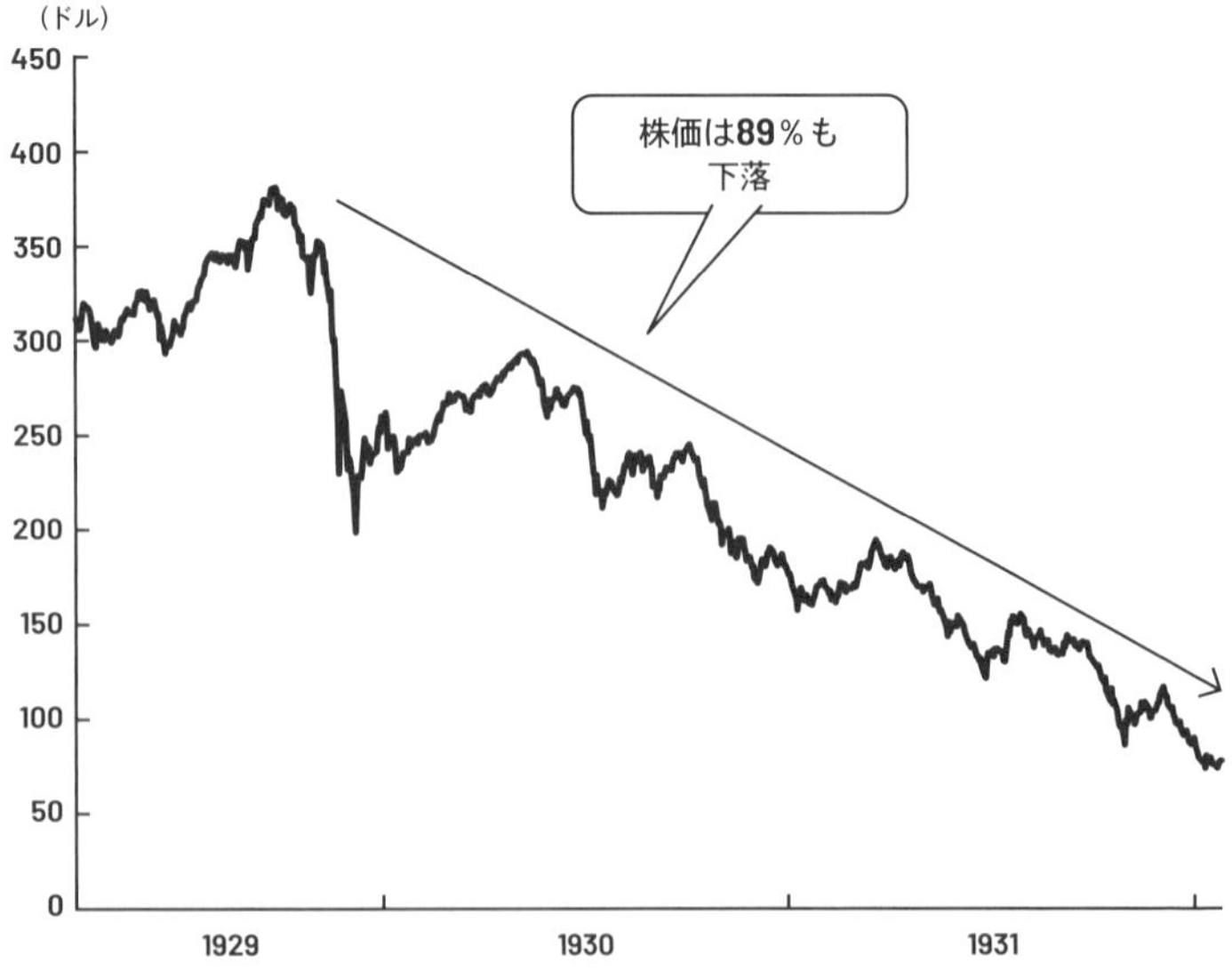

出所＝ブルームバーグ等のデータを基に筆者作成

世界恐慌になったのは、自国ファーストだったから

ではどうして世界恐慌になってしまったのでしょうか。

当時のヨーロッパは、第一次世界大戦の戦後の焼け野原から立ち直ろうとしている最中で、その復興に必要なお金を、先に経済が回復していたアメリカから借りていました。

そんな中、アメリカの株の大暴落により、アメリカとしてもお金を貸している場合ではなくなり、貸したお金を思い切り回収しはじめます。

そのため、ヨーロッパの銀行が次々破綻してしまいました。「銀行の破綻」とは、国の経済にとって致命的な打撃です。

そうなると、その後各国はどうするでしょうか。

世界中の国が取ったのが、「自分さえよければよい」という考えです。**特に、イギリスやフランスなどの植民地がある国はそこだけで経済を回すようになりました。**これは、他国をブロックするので「ブロック経済」と呼ばれました。今でいうなら「自国ファースト」でしょうか。

当時、植民地がなかったのはイタリアやドイツです。「植民地を持っている国ばかりが生き残れる。こうなったら侵略戦争で領土を取るしかない」という状態になり、世の中は第二次世界大戦へと突入してしまったのです。

結局のところ、当時のいちばんの問題は、世界でこのような危機が起こったときに、問題をきちんと調整する機能・システムがなかったことです。そうなると、各国は自分のことだけ考えて動きます。では、今なら大丈夫なのでしょうか。

もちろん、現代も何か起こったら自国第一主義になることが予想されます。しいていえば「核戦争になると世界が滅亡してしまうので、それはやめておこう」という核の抑止力がある、くらいでしょうか。

世界恐慌から90年ほど経った現代でも、世界で起きていることを見れば同じようだと思った人もいるでしょう。当時のこの失敗から、今の時代ならどうすべきかを自分なりに考えて選挙で投票するのも重要でしょうし、情勢が動いたら、自分の資産運用に反映させることも大切です。

バブル崩壊が、現代の日本経済に致命的な影響を与えた

次に知っておくべきなのは、日本のバブルです。１９８６～１９９１年頃に日本で起こった好景気の通称です。

今の日本経済にも、また日本人の価値観や自信や生き方にも致命的な影響を与えた大事件です。ぜひ、概要を理解しておきましょう。本件は少し詳しく説明したいと思います。

当時私はすでに社会人だったため、目の前で狂乱ぶりを見ました。まさに冗談みたいな光景が展開していました。その様子は、映画の『バブルへＧＯ!!　タイムマシンはドラム式』でも描かれていますので、興味のある方は見ると雰囲気がつかめておもしろいかもしれません。

では、どうしてバブルが起こったのかを振り返ってみましょう。

ことの発端はアメリカ

ことの発端は、またアメリカです。

バブルは、日本が競争力のあるものをたくさんつくれるようになったことから起こりました。アメリカに日本製品を売った結果、アメリカの貿易赤字が巨額になり、かつアメリカの貿易赤字の３分の１が日本向けだという状態になりました。１９７０年頃です。

アメリカにしてみれば、巨額のお金が日本に流れ続けるのでおもしろくありません。この頃、アメリカは日本との貿易摩擦により不況になり、自動車産業をはじめ、失業率は10％近くにまでなりました。極端な円安になり「ずるい日本」とも言われます。

そこで、猛烈なジャパンバッシングが起こりました。

「調子に乗りすぎだ。これ以上やると輸入禁止にする」と言い出したのです。

バブルの発端は、アメリカとの貿易摩擦

日本の車を壊すアメリカ人

写真：AP／アフロ

プラザ合意でアメリカの言い分を飲む

そこで、ニューヨークのプラザホテルに日米欧5カ国の蔵相[30]（現在の日本でいうと財務大臣）、中央銀行の総裁などがあつまって、相談することになりました。これが「プラザ合意」です。

もちろん、事前の根回しがあり、「ドルを安くする」ということで合意します。なお、「プラザ合意」は正式名称ではなく通称です[31]。

では、ドルを安くすると、どうしてアメリカに有利になるのでしょうか。

日米欧5カ国の蔵相

30. アメリカ、日本、ドイツ、イギリス、フランスの5カ国。ちなみに当時の日本の蔵相は竹下登です。

プラザ合意

31. 正式には、「1985年9月22日、先進5カ国（G5）蔵相・中央銀行総裁会議により発表された、為替レート安定化に関する合意」

ドル安が貿易赤字を減らすメカニズム

ドル安になると、「なぜアメリカにとっていい」＝「アメリカの貿易赤字が減る」のでしょうか。

当時の1ドルは約240円でした。日本車の上級車種のクラウンがだいたい240万円くらいだったとします。ドルで考えると1万ドルです。

その後、プラザ合意をきっかけとした円高進行により、ドルは急落（円は急騰）して半分くらいになりました。

1ドルがだいたい120円くらいになると、それまで1万ドルで買えていたクラウンが2万ドルになってしまいます。

そうなると、アメリカ人の多くは買う気が失せます。

こうして、日本からの輸入が減っていきます。これにより、貿易赤字を解消するように仕向けたわけです。

一方、当時はアメリカのハーレーが1台180万円くらいでした。これも、円高になってドルの値段が半分になれば、日本での価格も90万円となり、日本人もかなり買う気がでます。

こうして、アメリカから日本への輸出も増やして、ますます貿易赤字が解消できます。左図のようになります。

なぜドル安になると、アメリカの貿易赤字が減るのか

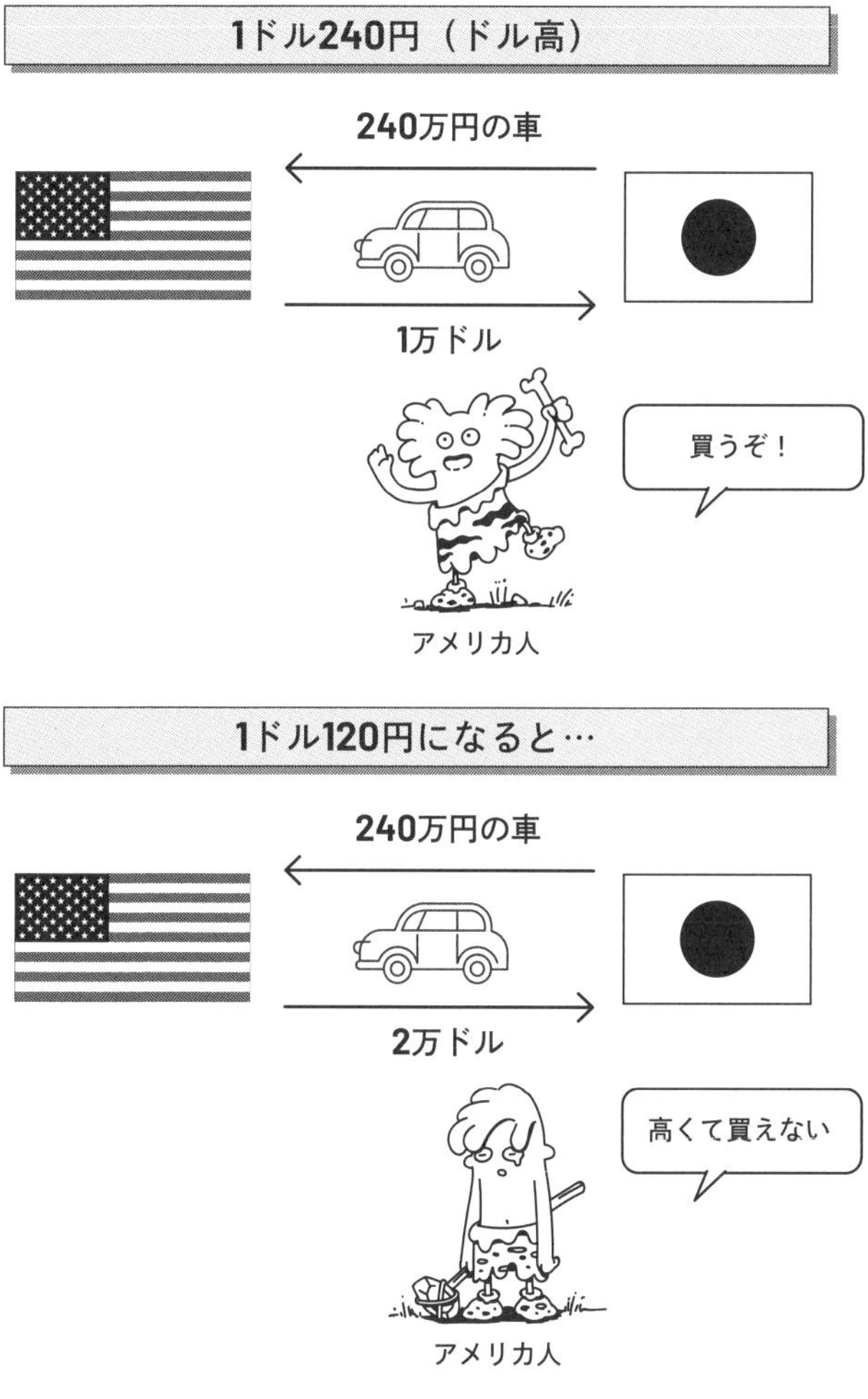

もちろん、実際にはこれほど単純ではありませんが、基本的な原理はこれです。

さて、実際にそうすると、どうなったでしょうか？　世界の主要5カ国が、為替市場で同時にドルを売りまくりました。その動きに市場も追随して市場は完全にドル売り円買いモードになり、**ドルはとんでもないスピードで暴落していきました。**

驚異的に進行した円高（米ドルの推移）

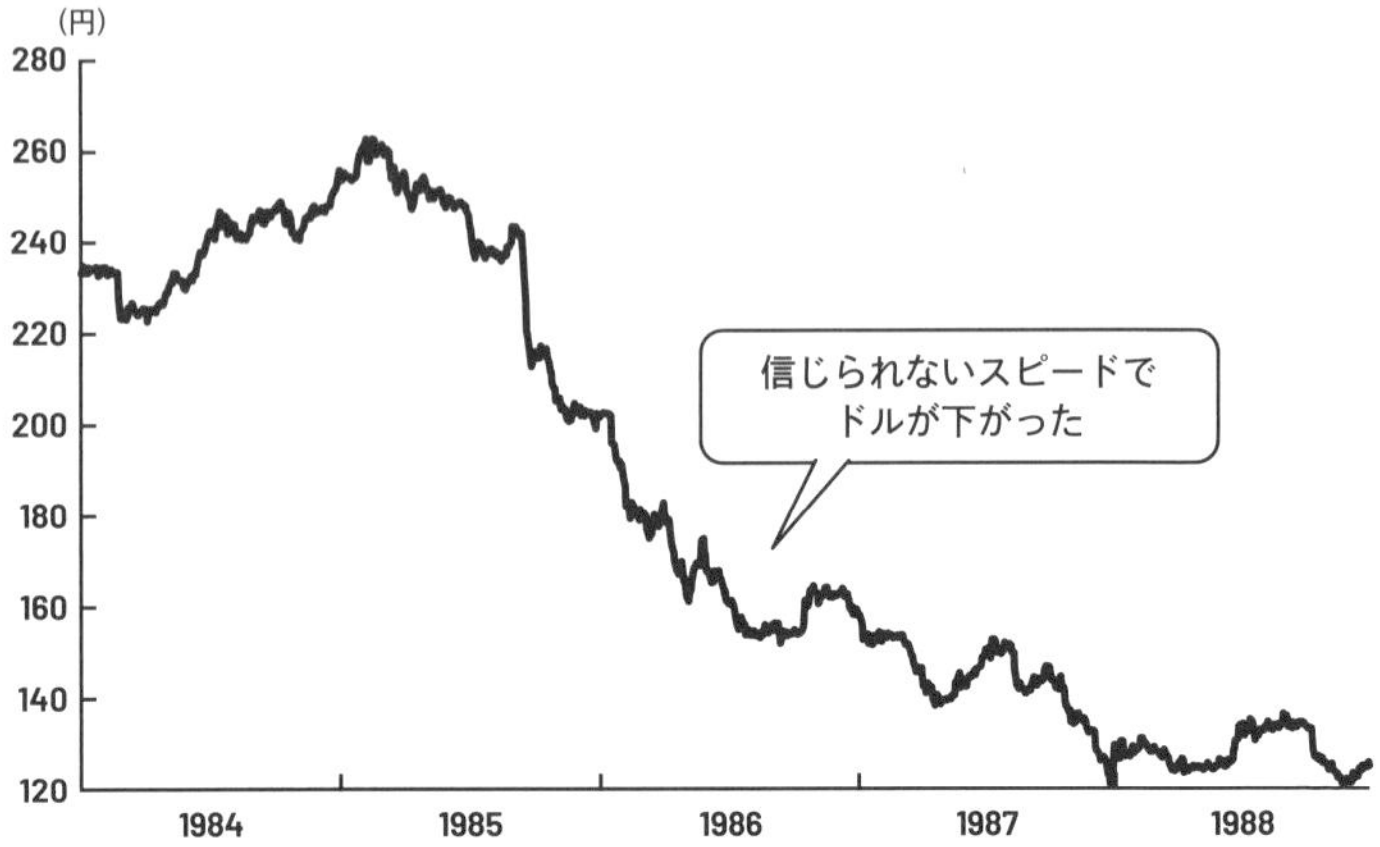

出所＝ブルームバーグ等のデータを基に筆者作成

市場の自然な価格を政府が無理に動かすと大抵悪い結果を招く

このように、対アメリカの貿易赤字がひどいので調整しようとして始めたドル安・円高誘導でしたが、世界中が一斉に円を買いだしたことで、制御不能に陥っていきます。

とんでもないスピードでしたので、日本経済に大打撃になります。こんなに高くなると、輸出産業が全部倒産してしまう、ということで今度は円高を止めなければなりません。

いつの時代も、市場がつけている価格を政府が無理に動かそうとすると大抵の場合、こういうことになります。

ではこの後、どうなったのでしょうか。

景気が悪いときは「利下げ」する

こういうときに日銀が切るカードは利下げです。

どうして利下げをすると景気がよくなるのでしょうか？

たとえば、会社が何か事業をするときは大抵の場合、借金をして始めます。

もしラーメン屋を始めようとするなら、お店を借りたり、従業員を雇ったり、仕入れをしたりなど、さまざまにお金がかかります。この初期費用に２０００万円が必要で、銀行から借りたいとします。

まずは、始める前に赤字にならないかどうか、きちんと計画する必要があります。

ラーメンの売上が200万円。そこから原価を引いたり、家賃を払ったり、給料を払うのに100万円で、差し引き年間の儲けが100万円出たとします。ここから借りたお金の利息分を引いたものが最終的な儲けとなります（税金などの要素はとりあえず無視します）。

もし2000万円を金利10％で借りていたとすると、利息の支払いだけで、200万円です。そうなると、100万円の赤字で、ラーメン屋を始めるのを諦めるしかありません。

もしここで金利が3％に下がったとします。儲けの100万円は同じとすると、この場合の利息の支払いは60万円です。これだと最終損益が40万円（100－60＝40）で黒字です。

これならラーメン屋を始められます。

このように、利下げは景気をよくする作用があります。

どうして利下げをすると景気はよくなるのか？

ラーメン屋を始める場合

金利が10％のときの損益

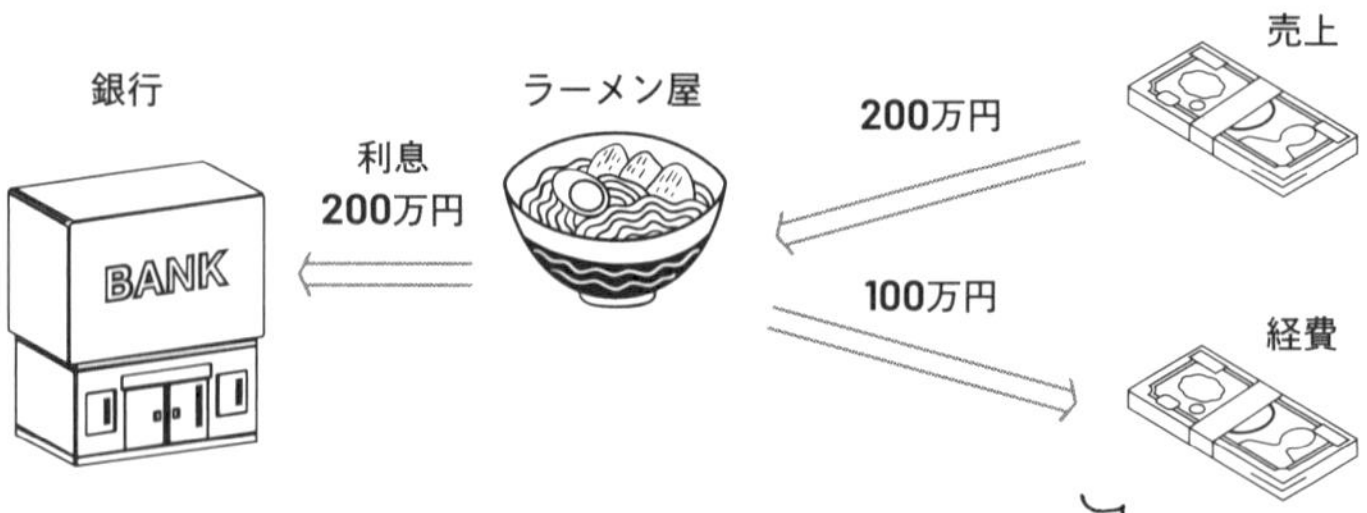

100万円の赤字

金利が3％のときの損益

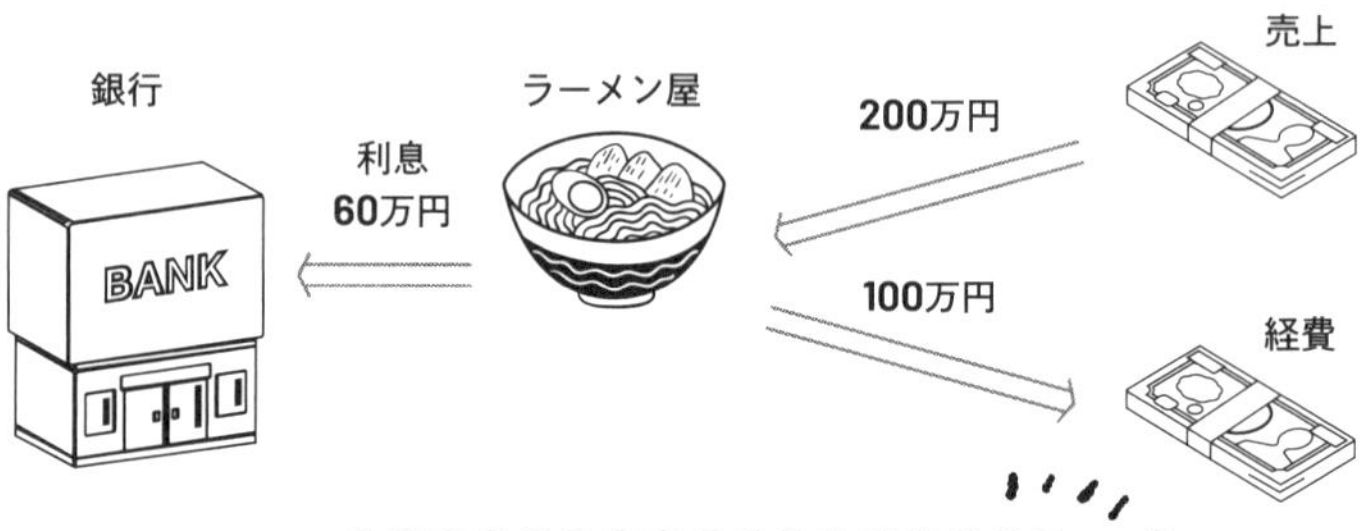

40万円の黒字

このようなことが行いたくて、日銀は利下げを始めました。「景気が悪くなると、日銀が利下げを始める」とはこういう意味です。そして日銀が金利を動かすときは、かつては公定歩合[32]を操作しました。

しかし、これは効果が出るまでに時間がかかります。なかなか効果が出ないので、ますます金利を下げていきました。

公定歩合

32. 公定歩合というのは日銀が民間の銀行にお金を貸すときの金利です。

これが高くなると民間の金利も連動して高くなるので、日銀が金利を動かすと言えばこれでした。なお、今は名前が変わって、「基準割引率および基準貸付利率」と言われています。

財政出動に手を出してしまったのが地獄への入り口

ところが、ここまで行ったのに、アメリカの貿易赤字がなぜかあまり改善しません。そのため、アメリカから「日本人が国内でものを買わないのが悪いんだ。もっと日本人に金を使わせて、ものを買わせろ」という圧力になっていきました。アメリカが日本からものを買うばかりだから貿易赤字になる、日本もアメリカからものをたくさん買えば貿易赤字が減る、ということです。

そんなことをいきなり言われても困るわけですが、そういうときはＧＤＰの項目で説明した必殺技があります。「政府が借金して、その金でものを買う」という方法です。財政出動です。

政府が巨額の借金をして財政出動をしたら、国の財政は破綻への第一歩です。

当時まともだった日本は、もちろんそんなインチキには反対でした。ところが、アメリカが「うるさい、さっさとやれ」と催促してきます。

それに折れてしまった日本は国債により大借金をして、財政出動をしてしまいます。

そして、政府が許されているお金の使い方をします。

代表的なのが、ダムや道などをつくる公共工事を始めることです。鬼のように公共工事をすれば、それで潤った人達がそのうちアメリカのものを買うだろうというわけです。

公共工事は、もちろん税収の範囲内で地域の発展に必要なものならつくるべきです。しかし、この場合は使うことありきになっているので、車が通らないところに立派な道や高速道路をつくったり、過疎地に大きなダムをつくったりなどをしました。

このことが、とうとう「日本経済にバブルをもたらした」のです。

アメリカのブラックマンデーとは何だったのか

さすがにここまで市場に大量にお金を追加すれば、景気はよくなります。やりすぎになってしまいかねないので、心ある日銀の人たちは、そろそろ利上げしないといけないと思い始めていました。

ところが1987年の10月に突然アメリカ株が大暴落してしまいます。下の図のように1日で約2割下がったのです。

これがブラックマンデーです。

ブラックマンデー時のアメリカ株

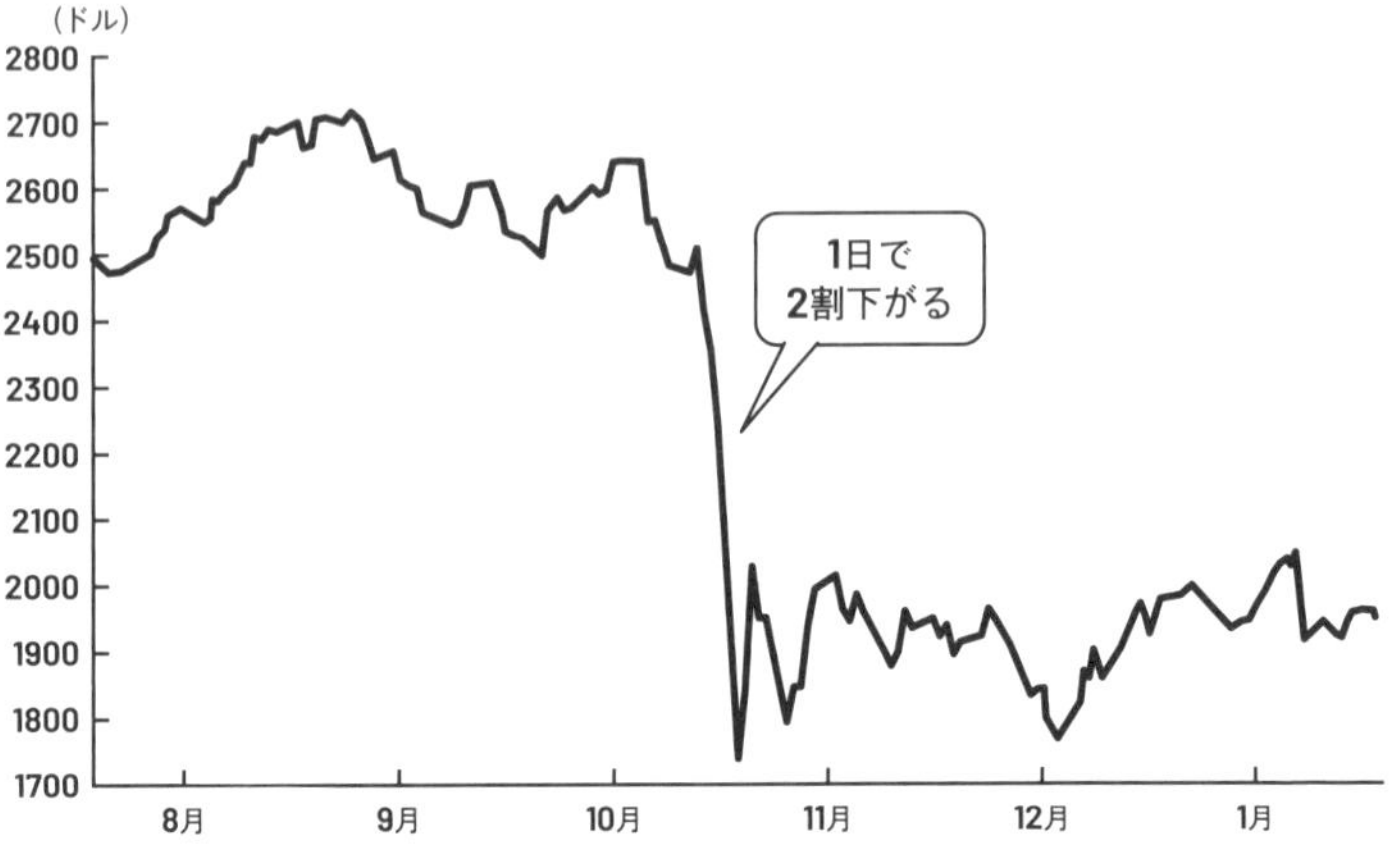

出所＝ブルームバーグ等を基に著者作成（ダウ平均株価）

ブラックマンデーでは、世界中の株価が同時に下がってしまう世界同時株安[33]になって、世界中が大不況になってしまう、と世界中が恐れました。そこで、「おい、日本まさか利上げなんかするんじゃないよね」とまた圧力がかかります。利上げをすると、景気が悪化するからです。

すでに日本は危ないことになっていたのでそれを防ぐために早い段階できちんと金利を上げたかったのですが、それまでも、アメリカの圧力でやらせてもらえなかったのです。[34]

日銀の市中の銀行への貸し出す際の金利（公定歩合）は史上最低レベルまで下がります。

預金してもお金が増えないので、ますます株や不動産にお金が向かいました。

世界同時株安

33. 2008年のリーマン・ショックや1987年のブラックマンデーなどが有名。

アメリカの圧力

34. 当時日銀の副総裁だった三重野康は「日本経済は乾いた薪の上に座っているようなものだ」と述べています。

物価は上がっていなかったから、危険が放置された

市民にとってインフレ（物価の高騰）の目安は消費者物価です。消費者物価とは、お米や日常品など生活する上で必要なものの値段です。

実は当時、消費者物価はあまり上がっていませんでした。上がっていたのは不動産です。日銀は「日本がインフレにならないようにすること」というのが使命なのですが、「株や不動産が値上がりすることは担当外」ということもあり、土地の値上がりのために日銀がなにかを行うという役割にはなっていませんでした。

このように、危険な状態なのに物価は上がっていなかったことも、日銀が介入をあまりしなかった原因です。

これは、ますます肥大するバブルに歯止めがかけられなかった一因でした。

株価が高くなると、誰も銀行からお金を借りなくなる

日本経済は金利は下げるわ、公共工事はやるわ、円高で輸入品は安くなるわでお金があまり始めます。あまったお金は株式市場に回り、株価もどんどん高くなります。そうなると、会社としては、借金をするより株を発行した方が断然安いということになります。というのは、株は金利を決められた期日に払わないといけない借入れとは違います。儲からなければ配当する必要もありません。[35] そうなると、銀行からお金を借りる人はとても少なくなります。

借金するより株を発行

35. 実は株による調達は決して「安い資金調達」ではないのですが、当時はそういう風潮でした。

困った銀行が不動産融資に手を出し始めた

困ったのは銀行です。

金利が低いので国債を買っても行員の人件費や家賃を払えないため赤字になってしまいますし、会社は株を発行して資金調達をしてしまうので、銀行としては、まとまったお金を借りてくれる人、かつきちんと金利を払って、返済もしてくれるお客さんが必要になります。しかし、このような状況では、そんな都合のいい借り手はいません。

しかし、不動産だけはこの条件に当てはまりました。

当時、不動産は基本的に下がらないものとされていたので、それを担保に取れば安心です。そうして、銀行は不動産に対してどんどんお金を貸していきました。

借りる方からすれば、銀行はいくらでもお金を貸してくれるので、ばんばん不動産が買えます。

そうやって大勢が買えば、買いが買いを呼び、さらに値上がりします。買った人は、どんどん儲かっていきます。

こうして、大勢が借金をして不動産を買いまくりました。

銀行も最初のうちは慎重で頭金をちゃんと要求していたのですが、あまりに不動産が値上がりするので、頭金なしで貸すようになります。

たとえば、少し前まで4000万円だった75平米のマンションが、1億円をゆうに突破することなども起こりました。

こうして、「1億円の物件を買うなら、1億2000万円を貸します。あまった2000万円でフェラーリでも買ってください」というとんでもないお金の貸し方をするようになります。

バブル前は担保に取った不動産が値下がりしてもいいように、担保に取る不動産の7割くらいしか貸さないのが鉄則だったにもかかわらずです。

銀行は、このように頼まれてもいないのに、少しでも多くの利益を取ろうとして、多額のお金を貸し出しました。

バブルを経験したことのない方からは信じられない話かもしれませんが、こういうことがあったのです。冷静に考えるとおかしいとしか言いようがありません。

しかし、当時は天井知らずで不動産は上がっていたので、まだまだいけるとみんなが信じていました。

日本のバブルだけが例外なのではない

こんなことは、当時の日本の特殊な状況下でしか起こらない、つまり例外的な事件で参考にならない、と思えるかもしれません。

ところがそんなことはありません。実は、

「100万ドルの物件を買うなら、120万ドルを貸してあげます。あまった20万ドルでフェラーリでも買ってください」

というお金の貸し方はリーマン・ショックが発生する前にもアメリカで横行していました。

あらゆる会社が土地や不動産に手を出し始める

このように、不動産も株も信じられないくらい値上がりしていき、とりあえず土地や株を買っておけば、濡れ手に粟の大儲けができるわけですから、あらゆる会社が本業そっちのけで土地や不動産に投資（投機）し始めます。

そもそも、株や不動産の値段は需給で決まります。どんなに割高になっても、それ以上の値段で買うという人がいる限り値上がりが続きます。**そして、高くて買わなくなったときに、バブルは終わります。**すでに説明した17世紀のチューリップバブルもその例です。

会社の中で、株に投資するのはお金を扱うところ、つまり財務部などが担当になります。あたりまえですが、財務部は基本的にお金を稼ぎ出す部門ではなく、本業の収益部門がきちんと仕事ができるようにお金の面から支える仕事をするところです。しかし、この財務部がバブル期に買った株は、本業をしのぐ利益をたたき出すほどになりました。そうやって、「もっと、もっといけ」となっていったのです。

まさに狂乱状態
――財テク、ファントラ、営業特金などが出現する

冷静に考えれば、素人が会社のお金を使って投機をするという、愚かな行為だとわかります。しかし当時は財務テクノロジーなどといわれ、すばらしい経営戦略であるかのような扱いをされました。

銀行も、いちいちお客さんに売買してもらうのも手間がかかって面倒なので、お客さんから預かったお金を、自由に株に投資できる商品をつくります。これはファンドトラスト、通称ファントラと呼ばれていました。預ける方も信託銀行にお願いしておけば、バンバン価値が上がるので喜んで任せました。

さらに証券会社もすごいサービスを始めます。

営業特金といわれるもので、なんと証券会社にお客さんのお金を自由に運用させるというものです。

証券会社がお客さんのお金を自由に運用するわけですから、何かの株を買わせるために苦労して営業する必要もなく、回転売買もやり放題となります。回転売買とは、金融商品を頻繁に売買することです。1日に同じ銘柄をぐるぐる回転するように何度も売ったり買ったりします。そうするとそのたびに売買手数料が手に入ります。

証券会社からすれば、営業特金を行えれば最高です。

そうして、顧客獲得競争になりました。どうしてもお客さんが欲しい証券会社は禁じ手を使うようになります。それは、お客さんに儲けを約束するというものです。もちろん法律違反です。

ですので、正式な契約書をつくるわけにはいかず、名刺の裏に利回りを書いたりしました。これは、いわゆる「握り」と呼ばれます。

今にして思えば、そんな恐ろしいことを大手の証券会社までもがやっていたようです。しかし、株価が上がっている限り、つまりお客さんが儲かって利益が出ていれば問題になりません。

株はとにかく右肩上がりだった

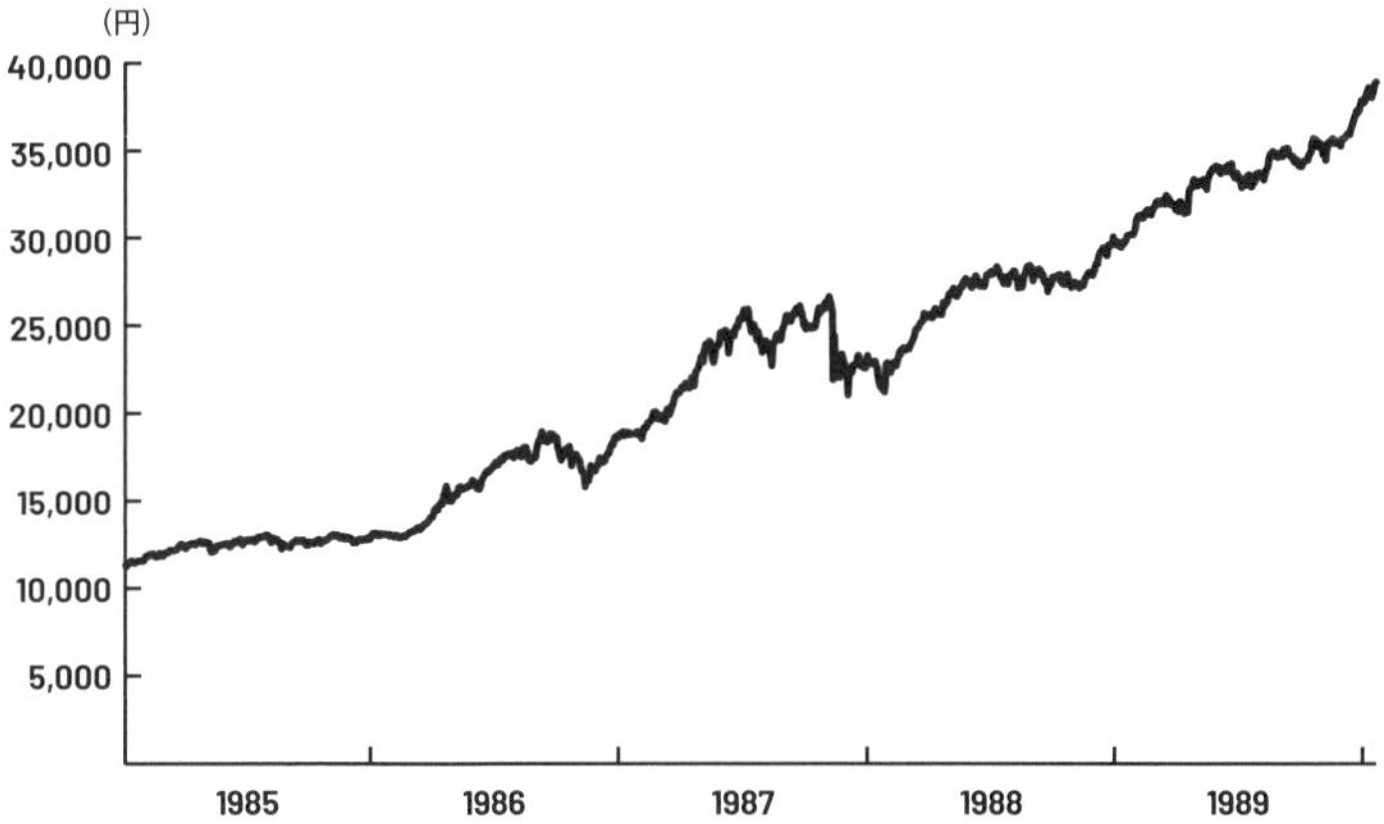

出所＝ブルームバーグ等のデータを基に筆者作成（日経平均）

こうやって、まさに狂乱状態になり、株式市場にお金が流れ込み、それがまた株価を押し上げるという結果になりました。

上の図を見てください。とにかく右肩上がりという相場ですから、なんでもいいから株を買っておけば大儲けという状態です。これにより、ひとつひとつを見たら全部「危ない」けれど、すべての病巣が覆い隠されていたわけです。

「NTT300事件」——ばかばかしい株価を象徴する事件

このような「ばかばかしい株価」ですが、これを象徴する代表格は1987年に上場したNTT株です。

最初に売りに出されたときの公開価格は119万円（実は野村総合研究所が最初に適正価格として計算した値段は1株47万円）でした。これに買いが殺到し、初値160万円という高値で売買がスタートします。**公開から2カ月で、史上最高値の318万円まで上がり、なんと当時の時価総額世界一の会社となります。**

株価が割高かどうかをしめすPERという指標があります。これは、1株当たりの儲けに対して、株価がその何倍かという指標ですが、それで300倍というとんでもないレベルになっていました。ちなみにPERというのは、普通は15倍くらいで高いときでもせいぜい20倍くらいですので、いかに割高だったかがうかがい知れます。

１９８７年４月には東京江東区に、あるマンションが登場しました。三井不動産販売などが売り出した「スカイシティ南砂」です。

このマンションは、259戸の分譲に対し３万８５００人が応募しました。このことは、今でも逸話として語られることがあります。この年に首都圏で分譲されたマンションの総数は４万戸でしたので、年間の供給の総数に匹敵する人数がひとつの物件に群がったことになります。都区部のマンションの平均分譲価格は１９８７年には４７００万円となり、なんと前年より44％も上昇しました。

みんなが買った理由は「高かったから」

苦労しないで稼いだお金ということもあり、むだ遣いで日本中があふれかえりました。

ゴルフ会員権ももちろん暴騰しました。たとえば、東京の小金井カントリー倶楽部の会員権は今でももっとも高い会員権のひとつです。バブル期の小金井カントリー倶楽部の会員権は3億3０００万円の値がつきました。現在は3０００万円程度で、当時の10分の1くらいです。

日産シーマも、500万円以上の価格設定が高すぎると社内でもめたそうですが、発売と同時に飛ぶように売れました。買ったのは「高かったから」という冗談のような理由もありました。

このように、今から思うと狂乱の状態でしたが、当時は株価の上昇は日本企業の強い収益力を反映した正当な評価であると信じられていました。ですので、みんなこの繁栄が未来永劫続くものと信じて疑わなかったのです。「多くの人は、見たいと欲する現実しか見ていない」というカエサルの言葉がありますが、２０００年以上前から人類は変わっていないのかもしれません。

そして、いよいよこの虚構の繁栄のメッキがはがれ落ちるときが近づいてきます。

バブルのときは、全員が儲かっていたわけではない

バブルのときは、日本国民全員が儲かっていたわけではありません。

株式や不動産価格が暴騰したために貧富の格差は拡大し、不動産で儲けた人達は大豪邸に住んで高級外車を乗り回し、反対に一般庶民はマイホームを買うことすらままならないという状態でした。東京の住宅価格は年収の20倍近くになっていたからです。

最大の問題はお金を貸しすぎたこと

さて、バブルが崩れるときは何が主な原因になったのでしょうか。

もちろん株や不動産の値段が暴落することも大問題ですが、それよりも怖いのは「お金を借りて不動産投資をした」ことです。これまで述べてきたように、銀行もその系列のノンバンクも、とんでもないお金をつぎ込み、顧客に対して不動産を担保とした融資にのめり込んでいました。

ここで、不動産価格が暴落すると、銀行からお金を借りた人は返せなくなります。貸した銀行は担保にとった不動産を売却して回収するのですが、不動産の価格が下がっているため、満額回収することはできません。

さきほども言いましたが、バブル前では担保に取る不動産の7割くらいしか貸さないのが鉄則でした。にもかかわらず、**買う不動産の価格の1.2倍などを貸し付けてしまったため、銀行にもとんでもない額の損失が発生します。**

このような状況になっていたので、国としては、「明らかに高くなりすぎた不動産の価格を是正し、ゆっくりと適正価格まで下げる」必要がありました。

しかし、これほど異常なレベルに膨れ上がったバブルを平和にしぼませることは極めて困難です。

パンパンに膨張しきった風船を針でつついたら、どんなにそっとやったとしても、破裂します。

日銀がようやくバブルを縮小しようと利上げを開始

日銀は、もちろん日本の状態の異常さを認識していました。さすがに株と不動産は担当外などと言ってられません。

日銀は、ようやく行き過ぎたバブルを止めようと利上げを始めます。１９８９年５月からの１年３カ月で2.5%から６%まで引き上げました。

この後、日経平均株価が天井を付けたのは１９８９年の12月末です。「いくら金利を上げても株も土地も下がらない。もっと利上げしていかなければ」という感じだったのではないかと思います。利上げを始めてから８カ月くらいで、ようやく下がり始めました。

こうして、株価は１９９０年初頭から下げ始めますが、もともと、正式な評価に対して高すぎたわけですから、下げだすと止まらなくなります。

しかし、急に下げすぎるのも危険です。ですので、やりすぎたと思ったら今度は利下げをしないといけません。しかし、この状況で下手に利下げなど始めてしまうと、「また株や不動産を買おう」と元の木阿弥になってしまいます。このように、いったん味を占めた人達を相手に金利を上げ下げして市場をどうにかするのは、本当に大変です。

中央銀行のこういう作業は「とても長いゴムを遠くにある重りにくくりつけ、そのゴム紐を引っ張って、狙った場所にその重りをぴったり移動させるようなこと」に似ています。最初はなかなか動かないので、どんどん強くひっぱりますが、動き始めるとゴムの反動で、反対側まで行き過ぎることもあります。

「不動産総量規制」——悪名高き「バブル崩壊のきっかけ」

心配なのは市場だけではありません。不動産が買えない普通の人の不満も高まりました。

「庶民が家を買えないのは政治が悪いからだ」という声が高まり、政権支持率を気にする政治家も対応せざるを得なくなります。そして、大蔵省（今の財務省と金融庁）

が不動産融資に制約をかける通達を出します。
これを「不動産総量規制」といいます。
この通達は、バブルを過剰に壊して日本経済を長期低迷に陥れた悪の元凶のようにいわれますが、もちろん当時の大蔵省にはそんなつもりはなく、行き過ぎた不動産価格の高騰を沈静化させることを目的としたものでした。[★36]
どういうものかというと、不動産向けの融資の伸び率を、貸し出し全体の伸び率を下回るよう求めたものでした。つまり、経済全体の成長の比率にそって貸付が増えるならよしとし、それ以上には不動産融資ばかりをしないようにさせたのです。

この通達を受け取った金融機関は、貸すと約束していたものを中止することになったり、途中まででいきなり融資を止めたりしました。それまで、思い切り不動産関連融資をしていたので、通達を守ろうとすると、そうするしかなかった面もあるのでしょう。
そしてなにより、バブルで高くなりすぎてしまい、下を見て落ちて大けがをしそうになり、足がすくんでいる、まさに高所恐怖症になっていたところに、こういう起爆剤のようなものが投入されたために、一気にバブルが弾けてしまうきっかけになってしまったのでした[37]。

同時に、この不動産向け融資についての通達は住宅金融専門会社（住専）を対象とせず、また農協系金融機関も対象外とされたため、不動産への投資は、農協系、住専などを迂回して、資金供給は続きました。

そこに、恐ろしい額の不良債権が蓄積していきます。標的を潰して破壊したのはいいものの、抜け穴があったために同時に新しい標的を量産したような感じでしょうか。

不動産総量規制

36. それ以外にも、不動産業、建設業、ノンバンク（住宅金融専門会社含む）に対する融資の実態報告を求めるということもありましたが、不動産総量規制は住宅金融専門会社（いわゆる住専）は対象とせず、また、農協系金融機関も対象外とされたため、そちらにお金が流れ、これまた悪名高き住専問題へとつながっていきます。

不動産総量規制の余波

37. 反応があり過ぎたので、1年9カ月後に解除しましたが、「時すでに遅し」となります。

銀行が倒れるのは不動産担保ローンが焦げ付くとき

バブル崩壊でいちばん恐いのは、**不動産担保ローンが焦げ付いて銀行やノンバンクに大量の不良債権が発生することです。**どの国の経済でも、これをやってしまうと、銀行システムが壊れてしまう、恐ろしい状態です。

こうして銀行が多額の損失を抱えると、その後取り付け騒ぎが起きて倒産し[38]、お金が本当の紙切れになります。

このとき銀行は無茶苦茶な審査で、天文学的な金額の融資を不動産関連にぶち込んでいたのはすでにお伝えしました。爆発寸前です。

日銀が１９９３年に試算した数字ですでに不良債権は50兆円。これは、ＧＤＰの10％という恐怖の数字でした。

こんな数字を世間に発表したら、市場はパニックになり、取り付け騒ぎが起き、日本がなくなってしまうかもしれません。
政府は、絶対世間に知られないように、こっそりこの問題を処理しないといけなくなりました。

取り付け騒ぎ

38. 銀行はお客さんから預金で預かったお金はほとんど貸し出してしまっているので、突然全額返せと言われても返すことができません。普通預金はいつでも下ろすことができるため、理屈の上では取り付け騒ぎは発生しうるリスクです。そうなるとどんな一流銀行でも倒産してしまいます。したがって金融機関は取り付け騒ぎにだけはならないようにものすごく注意して経営しなければなりません。

日本経済の崩壊がはじまる

1990年からついに株は下がり始めます。

4万円近かった日経平均は、ここから2年半くらいの間、ほぼ一直線に下げ続けます。そして、最高値からほぼ3分の1くらいになりました。まさに悪魔のような下落です。

会社の財テク担当者、ファントラ、高い利回りを握った営業特金の証券会社などに地獄の日々がやってきました。

1990年からついに日本株が下がり始めた

出所＝ブルームバーグ等のデータを基に筆者作成（日経平均）

だれもがそんなに下がるわけない、いずれ止まって反発すると思っていました。しかし、そういった希望、渇望はことごとく裏切られます。

とはいえ、バブル発生前からのチャートをみると以下のようになります。

こうしてみるとバブル発生の原因となったプラザ合意（１９８５年）の頃の水準に戻っただけです。つまり、なるべくしてなった株価であるともいえます。

バブル発生前から見ると、元に戻っただけ

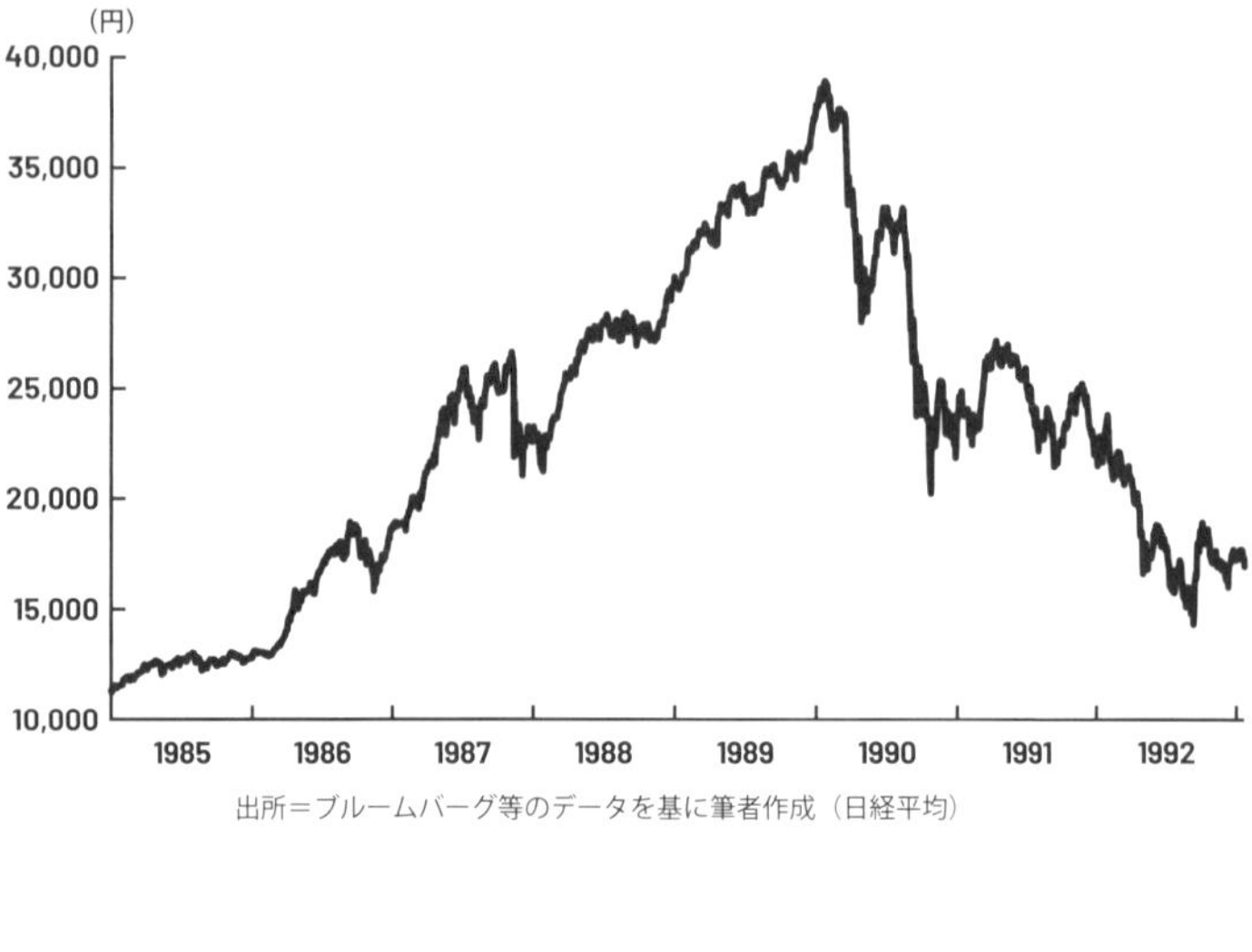

出所＝ブルームバーグ等のデータを基に筆者作成（日経平均）

バブルの教訓とは「常識的におかしいことは、必ず壊れる」

ここまで、不動産融資が焦げ付くことが銀行にとって致命的であることは十分理解できたと思います。こうして日本中の金融機関が大打撃を受け、信金、信組、地銀、証券会社、生命保険会社が次々と破綻していきました。

かつては一流大学卒のエリートだけが入っていた日本長期信用銀行の株価は1円になり、国有化されて外資系に叩き売られました（現在の新生銀行です）。四大証券の一角を占めた山一證券も、自主廃業という形で市場から姿を消しました。

金融システムを維持するために、処理した不良債権の金額は100兆円です。**政府は公的資金注入枠を70兆円も用意するという地獄のような処理となりました。**

都市銀行も、かつては23行もありましたが、単独ではもう存続する力はなく、生き残るために次々と合併していきます。合併した銀行では、負け組が冷遇され、左遷され、出向させられ、対等合併といった銀行でも内部抗争が延々と続けられて、会社としての競争力も魅力もどんどん失われていきました。

幅広い常識を身につけることが、投資をするときにいちばん大切

ここまで、日本のバブルの問題点を振り返りました。

日本で発生して弾けたバブルですが、当時の株や不動産の価格だけを表面的に追いかけていたら、本当の姿やリスクは決して見えなかったでしょう。**大切なのは、どうして「上がったのか」その背景に、誰が何をしているのか想像することです。**

日本が経験したこの事件は投資をする上で、とても参考になる事件です。

日本経済に深刻な打撃を与え、その後の日本のあり方や日本人のメンタリティーにも大きく影響したバブルの生成とその崩壊を知り、自分を戒めておくことは決して損にならないと考えています。

バブルから教訓を得るなら、「常識的におかしいことは必ず壊れる」ということです。

一株あたり利益の何百倍もの株価がついたり、マンションが年収の何十倍もの値段になるのは常識的に考えればおかしいものです。

それを判断することは決して難しいことではありません。だって常識的におかしいのですから。チューリップバブルもそうです。チューリップの球根1個が高級住宅が買えるほどの値段になるなんて、おかしいですよね。

結局、いろいろなことを勉強して幅広い「常識」を身につけることが投資にとって大事なことなのです。

リーマン・ショックをおさらいして、「長い目で世の中を見る」とはどういうことかを知る

21世紀に入ってからのいちばんの事件はやはりリーマン・ショックです。問題点はどこにあったのでしょうか。

経済にとって致命的なのは、「金融システムが壊れる」ということでしたね。リーマン・ショックはアメリカで起こったことにより、**世界中の金融システムに大きな影響を与えたことが非常に重要なポイントになります。**

これまで、投資のプロではない人が投資をする場合の大切なことは、個別銘柄には投資せず、長期投資で短期売買はしない、そして短期の上げ下げは気にしないことが重要だとさんざん述べてきました。

そして、そのためには「長い目で世の中の動きを見極める」力があることが重要です。

「長い目で世の中の動きを見極める」とはどういうことでしょうか。**それは人口動態**

と、その国の金融システムが健全なのか危ないのかを見ておくことです。すべての基本はこれです。このふたつの視点から、リーマン・ショックを見ていきましょう。

リーマン・ショックの原因も「あり得ない不動産価格の上昇」

実は、リーマン・ショックも日本のバブルと似ているところがあります。日本のバブル崩壊の致命的な痛手を見て、さんざん研究し、世界中が「日本みたいにはならないようにしよう」と強く思っていたにもかかわらずです。チューリップバブルから下って約350年、どうしてもバブルは起こってしまいます。それも金融で世界最先端を行くアメリカで、です。

アメリカの不動産は、ちょうど日本のバブルが弾けてボロボロになっていたころから上昇し始めました。

アメリカの金利はプラザ合意後低下し続けた

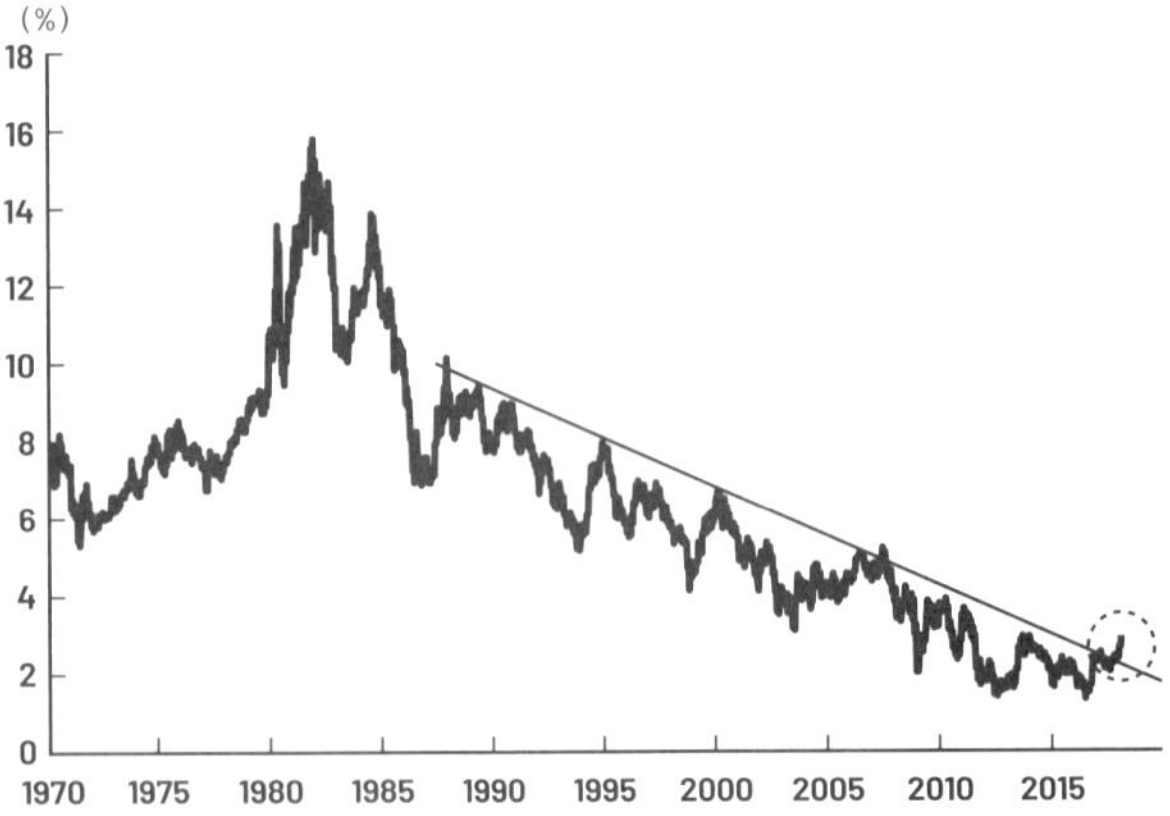

出所＝ブルームバーグ等のデータを基に著者作成

プラザ合意以降、景気減速に伴いアメリカの長期金利は基本的に低下しつづけました。そこで日本と同じく、不動産は買えば上がるからどんどん買おう、高くなる前に早く買おうという状態になりました。金利が低いと株や不動産を買いたくなるというのは日本のバブルでも説明したとおりです。

世界中でデフレがつづいたために、アメリカ政府は市場にお金を供給していきました。それもまた不動産が上がる要因になります。

そこで銀行では、不動産を担保にお金を貸すことを始めます。さきほども述べた「100万ドルの物件を買うなら、120万ドルを貸してあげます。あまった20万ドルでフェラーリでも買ってください」というお金の貸し方がアメリカでも横行しました。

銀行はどの不動産を買ってもどうせ値上がりをすると、「返せそうにない人でもいいや」とろくな審査もしないでバンバン貸し付けてしまいます。これを「サブプライムローン」といいます。プライムの「上級」や「一流」という意味に対して「それほどじゃない」というような意味でサブプライムと呼んでいたということですが、随分と持ち上げて表現したものです。

次のページの図は、ケース・シラー住宅価格指数という、アメリカの住宅価格を表す代表的な指数です。図からは、主要都市の値段はサブプライム時にその前より2倍ほど上昇していることがわかります。

リーマン・ショックは日本のバブルのときから20年以上経ってますので、もちろん違う部分もあります。新しいのは「証券化」という手法を使ったことです。証券化というのはいろいろな種類がありますが、簡単に言うと、「企業が持つ資産を、投資家

「米国実質住宅価格の推移」

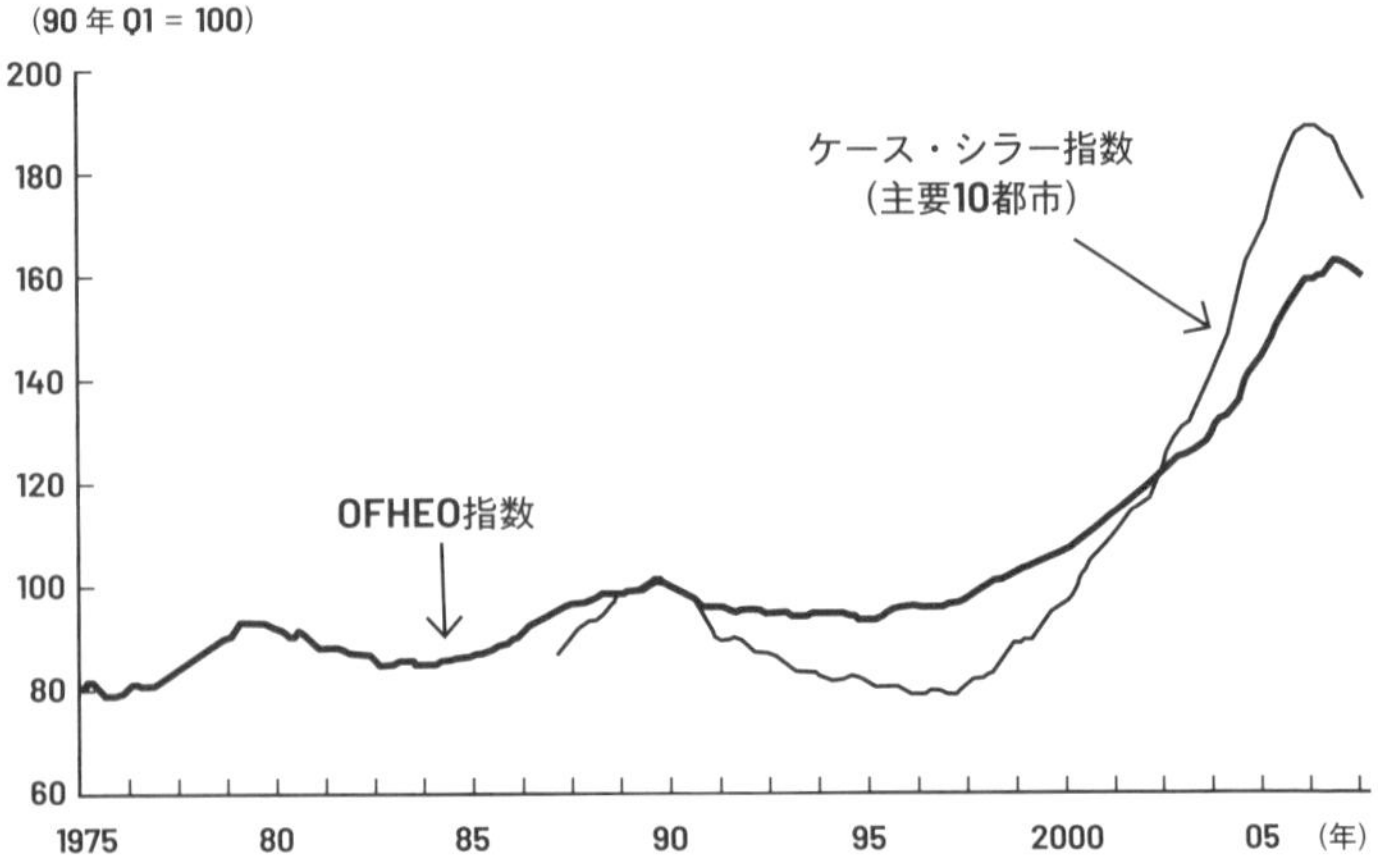

(備考) 1. アメリカ商務省、連邦住宅企業監督局（OFHEO)、Standard & Poors より作成
2. PCEデフレータ（2000年＝100）により実質化
3. 主要10都市とは、ボストン、シカゴ、デンバー、ラスベガス、ロサンゼルス、マイアミ、ニューヨークシティ、サンディエゴ、サンフランシスコ、ワシントンをいう

出所＝内閣府政策統括官室『世界経済の潮流』(2007)
https://www5.cao.go.jp/keizai3/2007/1207sekai072-shiryou1.pdf より作成

に小口販売する」ことです。

たとえば、企業がクレジットカードの「債権」を持っていたとします。この債権を売れば、負債を増やすことなく資金調達ができます。このとき債権は、「証券」の形に代えて売却します。この方法をとることで、小口の債権をひとまとめにして大口の投資家に販売ができます。

たとえば個人向けのクレジットカードのローン（クレジットカード会社が持つ債権）を大手の投資家が買うとします。

その10万人分くらいのカードローンをひとまとめにします。もしひとりに平均1万円のカードローンがあるとしたら、合計10億円になります。それをプロの投資家に販売するのです。その際、金利は3カ月分くらいまとめて支払います。

これをサブプライムローン（返せそうにない人が借りたローン）でつくったものがリーマン・ショックでは大量に販売されました。

ここまでの説明ではわかりにくい部分もあるので、実際に例としてサブプライム向けローンを１０００個集めて証券化した場合を見てみましょう。

まずサブプライム向けローンを1000個集めます。
そして、それを使って3種類の証券をつくります。

第3証券のグループ　最初に返せなくなったローンから400番目までに返せなくなったローン
第2証券のグループ　次の401番目から700番目までに返せなくなったローン
第1証券のグループ　701番目から最後の1000番目までのローン

こうして、債務者が破産するなどして、返済できなくなるといちばん下の第3証券のグループから損をし始めます。その意味では、第1証券のグループは1000個中、700個のローンがダメになっても全部返ってくるわけですからかなり安心です。
このように危ない度合いが証券ごとに異なりますので、金利も第3証券がいちばん高く、第1証券の利回りがいちばん低くなります。

ローンを借りている人の誰かひとりが破産しても、全員が一斉に同時に破産するわけではありません。こうやってローンの集合体としてみれば、ひとりに全額貸しつけるわけではないので、リスクも分散できたと思うわけです。

また、今にも破産しそうな危ない人たちに貸し付けたローンを束ねたものであるにもかかわらず、第1証券のグループはかなり安全なグループ、ということになりました。格付けもとても高く、なんと最上位のＡＡＡの格付けが付けられました。

格付けとは格付会社が債券やその発行体、金融機関などの債務支払能力を評価し、信用力を示したものです。格付けが低くなるほど、借りたお金を返せない可能性が高いと格付会社が考えているということになります。会社によって違いますが、ＡＡＡがいちばん安全だということです。しかも、サブプライムローンでは、世界的な格付会社のＳ＆Ｐ、ムーディーズが格付けをしました。世界最強のクレジット評価です。なのに、普通の社債ではまったく得られないような高い金利が提示されたので、それはもう飛ぶように買われました。

では、さきほどの１０００人の例で詳しく説明します。話を簡単にするために、ローン金額も円で説明することにします。ローンの金利はすべて年10％とします。そもそも危ない人に貸すので、それなりに高い金利を取るわけです。[★39]

ひとりに1億円貸したとすると、貸出総額は1000億円、金利収入は総額年間100億円になります。これをさきほどのグループで分けます。

第3証券のグループ　60億円
第2証券のグループ　25億円
第1証券のグループ　15億円

かなり乱暴な数字ですが、イメージしやすくするためですのでご容赦ください。

この場合、第1証券グループの元本は300億円で、利回りは5%になります。通常はAAAの債券の利回りは国債に0.1%程度上乗せしたくらいで発行されるため、今回の債券は、AAAの債券利回りとしては驚異的です。第2証券のグループは8.3%くらい、第3証券のグループは15%くらいのリターンとなります。低金利に苦しむ世界の金融機関にとって、最高の格付会社がつけたAAAのクレジットで5%ももらえるとは驚異的です。

『マネーショート　華麗なる大逆転』という映画がおもしろく説明しているのです

が、証券化商品は証券会社がつくって販売しますが、つくる際に格付会社に頼んで格付けをしてもらいます。その際、作成側がS&Pとムーディーズの両方を競わせて高い格付けをした方と契約すると伝えます。そうすると両社とも、お金欲しさに合法的なぎりぎりの線で格付けを高くしようとします。[40]

しかし、このあたりはさすがにインチキをするわけではなく、許される範囲でもっとも格付けが高くなるような工夫をしました。[41]

当時は、この証券化商品には格付手数料がたくさん入ってきたので、格付会社では証券化商品の格付担当分野の人が多く出世するという情けない状態になっていました。

ローンの金利について

39. なお、日本の消費者金融では、破綻リスクの高い人たちからは年率15～18%くらいの金利を取ります。ただ、日本の消費者金融は無担保です。

格付会社が法律ぎりぎりで格付けを高くしようとする

40. 本来こういう動きは投資家を保護する観点から最悪なのですが、実務の世界、少なくともサブプライムの証券化に関しては実際によく行われていました。映画の中では「そんなことしていいと思っているのか?」という質問に対して、格付会社が「いい格付けをしないと競合他社に取られてしまう」と答えるシーンがあります。

許される範囲

41. グループ全体の倒産確率を計算するときに使う債務者各々の相関係数を都合のいいように調整する、などの作業をします。このあたりは考え方の違いともいえるので、いわゆるデータ改ざんというものではありません。

サブプライム問題のいちばん恐ろしいところは「安全だと言われていた」こと

サブプライム問題の恐ろしいところは、このＡＡＡの債券を世界中の金融機関や投資家が買っていたことと、「これはリスクが極めて少ない、非常に安全な商品」として購入していたということです。

つまり「リスクがあるけどリターンが高いので、最悪の場合、やられるのを覚悟で買う」というのではなく、リスクを避けたつもりであったということです。安全な商品だということで、世界中にばらまかれました。

実際にアメリカでサブプライムローンの債務不履行が出始めたときに、突然北欧の銀行の破綻リスクが報道されたりしています。「どうしてアメリカと関係ない金融機関がつぶれるほど大損するんだろう」と不思議に思ったものです。

この手の商品の販売額は、世界で１０００兆円ともいわれています。そのインパクトが非常に大きかったことがうかがわれます。

ここでひとつ、疑問が生まれます。

これだけ見ていると、証券化商品をつくって売却する投資銀行（証券会社）は、つまりリスクを他社に押し付けて自分は手数料をもらうだけなので損はしなさそうですよね。日本のバブルのとき、大量に不良債権を抱えた銀行やその系列のノンバンクが大損してしまったのとは根本的に違うはずです。

では、なぜ損をしたのでしょうか。

それは、サブプライムローンを証券化して転売するまでの間に、いったん自分で危ないローンを大量に抱えなければいけません。その、「転売目的でとりあえず持っている」間に市場がこわれてしまって、大損してしまったというのが投資銀行が損をした一因です。

世界の一流金融機関が次々と破綻しそうになる

　こののち、さまざまな金融機関が破綻の危機に見舞われます。どこがどのように損したかを細かく説明することは省きますが、アメリカ政府が税金を大量に投入して金融機関の救済に奔走するという、これまたバブル崩壊のときに日本で見られた光景が繰り返されました。

　大手証券会社であったリーマン・ブラザーズは、国が救済しなかったことから法的に倒産します。大手が倒産したことから「次はどこだ」という展開になりました。

　銀行業界では、毎日余ったお金を銀行間で融通しあいます。銀行は信用力が高いので、安心して世界中の銀行がお金をやり取りするのです。銀行間の取引なので、インターバンク市場などと言われます。

　ところが、どこかが潰れそうだとなると、そこに対してお金を融通することを避けるようになります。そうやって、全員が疑い始めると銀行間でお金が回らなくなります。その結果世界中の金融機関の資金繰りが悪くなりました。こうして、グローバルベースで金融システムがかなり危なくなったのです。

ちなみに、リーマン・ショックとは、実は日本だけで使われている言葉です。海外ではグローバルファイナンシャルクライシスと呼ばれています。

バブル崩壊のときの日本は間抜けな国として世界の笑いものとされましたが、日本は世界の最先端だっただけだという意見もあるほどです。

リーマン・ショックの教訓とは

リーマン・ショックに関しては、日本のバブルほどわかりやすくなく、商品が巧妙につくられていたので、投資する側としては見抜くのが難しいところがあります。

日本のバブルのときはＮＴＴのＰＥＲ（株価が一株あたりの利益の何倍かという指標）が明らかにおかしい水準だったのは素人でもわかりました。不動産の価格もマンションひとつが年収の20倍だといわれたらそれもおかしいとわかるでしょう。

ところが、世界の一流格付会社がＡＡＡだといっている債券まで疑うのは相当な知識がないと難しいことです。

しかし、ローンの返済能力がなさそうな人にバンバンお金を貸し込んだり、頭金ゼロで物件の価格以上にお金を貸し付けたり、不動産の価格が暴騰しているような状態に、おかしいと気がつくことは世の中のことを冷静に見ていたら不可能ではないと思います。

その過ちは、人類が２０００年以上も繰り返している同じような過ちであったりします。投資をする上で、過去に起きたとんでもない事件のことを理解しておくことは大変効果的です。

おまけ

第9章

相続について

相続にはお金の知識が不可欠

最後に、おまけとして人生で一度に最も多くのお金を手にする機会であるといわれる相続について少し説明したいと思います。

本書は法律の専門書ではないので、お金の観点から相続に関して覚えておいた方が良いと思われる点をいくつかご紹介したいと思います。

相続は親や配偶者が死亡したときなどに発生します。相続される人（被相続人）はさまざまですが、本書では話を簡単にするために、父親が死亡して、配偶者である母親と子供が相続するという形だけを考えます。基本的な考え方はざっくりとわかると思います。また、わかりやすくするために難しい法律用語を避けて書くため、厳密には法的に不正確な表現になることがあります。詳しく知りたい方は、法律の専門書をご参照いただきますようお願いいたします。

親の死亡を知ってから3カ月経つと自動的に相続が起きる

親が亡くなったことを知ってから（正確には「相続が発生したことを知ってから」）3カ月経つと自動的に相続が発生します。この点は、実は大変重要です。もし何もしないでおいたら、非常に面倒なことになりかねません。特に急に亡くなった場合は精神的にも事務的にも忙殺されて相続どころではなくなり、後回しにしているうちに3カ月が経ってしまうことはままある話です。

相続したのが借金だったら

相続というのは一般承継といい、被相続人（一般的には親です）の財産をまとめて全部相続することです。親に財産がなく、借金だけが残っていた場合も、親の借金を引き継いで子供が返済しなければならなくなります。

もし親が個人保証していている事業が失敗でもしていて莫大な借金でも残っていたらそれこそ一大事です。一生返済に追われるか、自己破産を余儀なくされるか、いずれにしても避けたい事態であることは間違いありません。

債権者からは「親の借金を子が返すのは人として当然だ」などと言われ、法的な義務だと思いこんでしまう可能性がありますが、「借金は相続しない」ということは法的に可能です。

相続放棄という制度があって、裁判所に届け出ると財産も借金も一切相続しないですみます。親がどんなに膨大な借金をしていても、大丈夫です。お金を貸していた人は取りっぱぐれておしまいです。

借金もあるが財産もあり、どちらが大きいかわからないときは限定承認

通常の場合では、借金があっても、なにがしかの財産もあるはずです。明らかに借金の方が多いとわかっている場合は相続放棄をすればいいのですが、どっちが多いか

わからない場合もあるでしょう。

そういう場合は、「限定承認」といって、財産と借金をくらべて財産の方が大きい場合だけ相続するという便利な制度があります。ただし、これは相続人全員の合意で行わないといけません。相続人が3人いて、「僕だけ限定承認」というのはできません。

死亡を知って3カ月経つと承認したことになる

相続放棄は便利だという話をしましたが、前述のように親が死んだことを知って3カ月経つと、財産も借金も全部相続することが確定してしまいます。「私は相続します」と言わなくてもです。だまって何もしていないのに相続を認めたことになるのです。これを「単純承認」と言います。

そうなると債権者は堂々と子供に「親の借金を返せ」と迫ることができます。そんなこともあり、悪質な債権者は親が亡くなってからあえて3カ月経つのを待ち、相続放棄ができなくなってから、借金の返済を迫りに奥さんや子供のところに行ったりすることもあります。3カ月経つ前に取り立てに行き、弁護士に相談されて相続放棄されてしまうのを避けるために待つのです。

それ以外に、次のようなことをすると相続を承認したものとみなされて、相続放棄をすることができなくなります。

1. 相続人が相続財産の全部又は一部を処分したとき（ただし、保存行為及び民法第602条に定める期間を超えない賃貸をすることは、この限りでない）。
2. 相続人が、限定承認又は相続の放棄をした後であっても、相続財産の全部若しくは一部を隠匿し、私にこれを消費し、又は悪意でこれを相続財産の目録中に記載しなかったとき。

つまり、自宅や車を売って現金に換えたりすると単純承認したとみなされて、借金取りに追われることになりかねませんので注意しましょう。

他人に全財産を遺贈すると遺言書に書かれてしまったら

テレビや映画でよくあるシーンで、大金持ちのおじいちゃんが亡くなり、普段は憎しみ合っている親戚たちがお金欲しさに枕元に集合して牽制しあうというのがあります。最後に息を引き取ったあと、おもむろに弁護士が遺言書を持って登場します。皆が固唾《かたず》を飲んで見守る中で、弁護士が遺言を読み上げます。

「全ての財産を愛人に遺贈[+42]する」親戚一同、騒然となり、泣きくずれる人も出てくるシーンです。

こうなると法定相続人（相続権があると法律で決められている人のことです）は1円ももらえないのでしょうか。いいえ、もらえます。

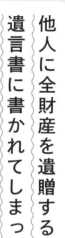

日本の法律には遺留分というのがあります。

遺言のシステムは基本的に「死んだ人が持っていたお金は、それをどう使おうとその人の自由」という考え方にのっとっていますので、自分が死んだあとの遺産はどうしようが構わないのですが、それでも遺族にはある程度、遺産をもらう権利があります。なぜかというと残された人が生活できないと困るからです。これは基本的に「働いて金を稼ぐのは男で、妻は専業主婦で収入がない」という日本の昔の考え方を前提にして相続制度がつくられているからです。稼ぐ力のない妻と子供に何も残さないとかわいそうだ、ということなのでしょう。または、国としてそのような事態になると子供と妻に国が生活保護を出さないといけないのが嫌だからということもあるかもしれません。「遺産が残っているなら、生活費は妻と子供に渡せ」ということなのでしょうか。

ですので、妻や子供や親（親より子供が先に死ぬことはあります）などには遺留分があります。

やや細かい話ですが、死んだ人に妻も子供も親もいない場合など、兄弟が法定相続人になる場合があります。しかし、兄弟には遺留分はありませんので、死んだ人が「すべての財産を愛人に遺贈する」などと遺言された場合は諦めるしかありません。

遺留分というのは法定相続分の半分です。たとえば遺産が1億円で相続人が妻と子供ふたりの場合は、何も指定しないと、

妻5000万円
子供　ひとりにつき2500万円

となります。

もし「すべての財産を愛人に遺贈」と遺言に書かれても、半分は取り返せるので

妻2500万円
子供　ひとりにつき1250万円

となります。

ちなみに、これは自動的に返してもらえるわけではなく、きちんと「返せ」と言わなければいけません。何もしないでいると、全額愛人に渡されることになります。

遺言書に「全額愛人に遺贈」と書かれてしまったら、あきらめずに遺留分侵害額請求手続きをして半分取り返しましょう。なお、これも時間の制約があります。相続開始かつ遺贈があることを知ってから1年以内に手続きしないとできなくなります。また、死亡したことを知らなくても死亡してから10年経つとできなくなります。

さらに遺言書に遺贈が書かれておらず、死ぬ直前に愛人にそそのかされて、財産を贈与していたりした場合でも取り返せる場合があります。いずれにしても、こちらも

時間が経つと権利がなくなりますので、親などが亡くなった場合は、悲しいですが、冷静にいろいろと法的な手を打っておかないと手遅れになります。くれぐれも注意しましょう。

遺贈

42. 法定相続人以外は相続できないので、他人に遺産をあげる場合は「遺贈」することになります。

お金を持っている親が認知症になってしまったら

高齢化の進む日本では、お金を持っている親が認知症になることはかなりの確率で起きます。もしかしたら、親がサギにあって財産をだまし取られてしまうかもしれません。

認知症になって意思能力がなくなってしまうと契約は無効になるのですが、認知症の始めのころは、法的な面からみた意思能力の有無は微妙です。つまり、法的には意思能力がある状態で契約したものを、裁判などでひっくり返すのは非常に大変ですし、ひっくり返せないかもしれません。

したがって、法的な行為はできないように、仮にだまされて何かの契約書にハンコを押しても大丈夫なようにしておく必要があります。

それには家庭裁判所に申し立てて「成年被後見人」として認めてもらい、成年後見人をつけておく必要があります。こうしておけば親のした契約はほぼ取り消せるようになります（近所でパンを買った、という小さなものまでは取り消せません）。

これもいろいろと手続きが煩雑ですが、親の財産（間接的には自分の財産）を守るためには大変重要ですので、きちんと覚えておきましょう。

その他の注意
遺言書の検認手続き

遺言書は裁判所に持って行って検認という作業をしないといけません。たとえば遺言書に「不動産は〇〇に相続させる」と書いてあったとしても、その遺言書を持って相続登記をしようとしてもできません。

裁判所に検認してもらって「検認済証明書」をもらう必要があります。これは基本的に遺言書が偽造されたものではない正式なものだと裁判所からお墨付きをもらうためです。また、遺言書が封筒に入っている場合は、勝手に開けてはいけません。裁判所に検認の申し立てをして、相続人の前で裁判官に開けてもらいます。

封をしてある自筆証書遺言を家庭裁判所外で勝手に開封すると、5万円以下の過料（罰金のようなもの）が科されます。くれぐれも勝手に開けないようにしましょう。

これは最初に遺言書を見つけた相続人が自分に不利なことが書いてあった場合に自分に都合のいいように書き換えたりすることを防止するための作業です。

おわりに

今回の本は、自分の中ではかなり異色なものとなりました。

本書は、金融の知識がほとんどない方にも楽しんでいただけるようにするために、過不足のないように手探りの中での執筆となりました。特に編集担当の中野亜海さんとは企画の段階から何度打ち合わせしたか分かりません。その意味では、本書は中野さんの「日本人に広く金融リテラシーを持ってほしい」と言う思いを筆者が形にしただけともいえます。

また本書では金融機関の収益構造や営業姿勢に対して批判的な意見も書きましたが、これは安っぽい正義感などでは決してありません。

自分の社会人人生のほとんどは金融機関の社員でした。長年自分の生活を支えてくれ、仕事のおもしろさを教えてくれた金融の世界には心から感謝しています。それでも金融機関は収益の向上を目指す故に、どうしても投資家の金融リテラシーの低さを利用しようとする面は否定し得ないと私は思っています。実際にこの目で何度も見てきましたし、さまざまな人から相談も受けてきました。私が見た中では、あからさまな法令違反と思われる例もあるくらいでした。

これは会社ではなく担当者個人の問題かもしれません。もちろん、投資家の保護に対しては規制当局も非常に厳しい態度で臨んでおり、昨今の金融機関のコンプライアンス遵守に対する姿勢は厳し過ぎると思われるほど厳格です。それでも規制と業界の関係はイタチごっこのところがあり、やはり本当の意味で自分を守り、正しい資産形成をするには自分のリテラシーを高めることが最も有効だと信じて本書を書きました。

本書を読まれて気分を害された金融機関の方がいらっしゃったら心より謝罪いたします。

本書の企画は、大学時代のクラブの仲間であるロケット和佳子さんがきっかけです。他にも多忙の中、白壁依里さん、藤本威亜希さんには有用なアドバイスをいただき、高澤織江さん、中林慶多郎さんにはデータ収集や各種リサーチで手伝ってもらいました。全体の校正は、年末休暇中に森本公美子さんに作業して頂きました。そしていつも最高の相談相手・アドバイザーである妻に感謝したいと思います。

土屋剛俊

参考文献

『教養としての金融危機』宮崎成人、講談社現代新書（2022年）
『検証バブル　犯意なき過ち』日本経済新聞社編、日本経済新聞出版（2000年）
『熱狂、恐慌、崩壊』C.P.キンドルバーガー他、日本経済新聞出版（2014年）
『12大事件で読む現代金融入門』倉都康行、ダイヤモンド社（2014年）
『みんなの意見は案外正しい』J.スロウィッキー、角川文庫（2009年）
『敗者のゲーム』チャールズ・エリス、日本BP（2022年）
『ウォーレン・バフェット成功の名語録　世界が尊敬する実業家、103の言葉』桑原晃弥、PHPビジネス新書（2012年）
『経済学はどのように世界を歪めたのか　経済ポピュリズムの時代』森田長太郎、ダイヤモンド社（2019年）
『ウォール街のイカロス』バートン・ビッグス、日本経済新聞出版（2012年）
『お金の日本史　近現代編』井沢元彦、KADOKAWA（2021年）
『おカネの教室　僕らがおかしなクラブで学んだ秘密』高井浩章、インプレス（2018年）
『富・戦争・叡智：株の先見力に学べ』バートン・ビッグス、日本経済新聞出版（2010年）
『中国経済の謎　なぜバブルは弾けないのか？』トーマス・オーリック、ダイヤモンド社（2022年）
『お金2.0　新しい経済のルールと生き方』佐藤航陽、幻冬舎（2017年）
『本当の自由を手に入れる お金の大学』両@リベ大学長、朝日新聞出版（2020年）
『本当にわかる為替相場』尾河眞樹、日本実業出版社（2016年）
『父が娘に語る　美しく、深く、壮大で、とんでもなくわかりやすい経済の話。』ヤニス・バルファキス、ダイヤモンド社（2019年）
『父が娘に伝える自由に生きるための30の投資の教え』ジェイエル・コリンズ、ダイヤモンド社（2020年）
『会社に入る前に知っておきたい　これだけ経済学』坪井 賢一、ダイヤモンド社（2017年）
『夫婦1年目のお金の教科書　夫婦生活はお金の相性で決まる！』坂下仁、ダイヤモンド社（2020年）
『日本のソブリンリスク　国債デフォルトリスクと投資戦略』土屋剛俊・森田長太郎、東洋経済新報社（2011年）
『ヘッジホッグ：アブない金融錬金術師たち』バートン・ビックス、日本経済新聞出版（2007年）
『お金がなくてもFIREできる』井戸美枝、日経プレミアシリーズ（2022年）
『そのとき、「お金」で歴史が動いた』ホン・チュヌク、文響社（2021年）
『覇権の歴史を見れば、世界がわかる　争奪と興亡の2000年史』島崎晋、ウェッジ（2020年）
『知らないと大損する！　定年前後のお金の正解』板倉京、ダイヤモンド社（2020年）
『「強い円」はどこへ行ったのか』唐鎌大輔、日経プレミアシリーズ（2022年）
『ユダヤ人の歴史』レイモンド・P・シェインドリン、河出文庫（2012年）
『政府債務』森田長太郎、東洋経済新報社（2022年）
『サラ金の歴史　消費者金融と日本社会』小島庸平、中公新書（2021年）

土屋 剛俊

つちや たけとし

一橋大学経済学部卒。ノムラ・バンク・インターナショナルPLC（英国ロンドン）にて為替ディーラー、デリバティブを使った新商品の開発・販売に従事する。野村證券業務審査部（現リスクマネジメント部）にてデリバティブ取引に関するカウンターパーティークレジットリスク管理、個別企業クレジット分析・調査を担当。ノムラ・インターナショナル（ホンコン）LIMITEDにて発行体の引受審査などアジア・パシフィックの非日系リスク管理部門を統括。チェース・マンハッタン銀行（当時）にて、東京支店審査部長、同行のアジア・パシフィック部門におけるデリバティブ取引信用リスク数量化・管理業務の責任者を兼任。また、99年から01年まで、明治大学非常勤講師を兼任。野村證券金融市場本部チーフクレジットアナリスト、同社グループのクレジットリスク分析チームを統括、クレジット投資ストラテジーを作成。野村キャピタル・インベストメント審査部長、M＆A企業買収に関する融資業務の審査責任者ののち、バークレイズ証券クレジットトレーディング部ディレクター。社債やローンなどアジアのクレジットに関する投資・トレーディングを世界のヘッジファンドと共に主導する。その後みずほ証券金融市場本部シニアエグゼクティブ。社債のトレーディング、ヘッジファンド対応で世界を相手にクレジットビジネスの統括管理を行う。2021年より独立して土屋アセットマネジメントを創立。クレジットに投資する投資会社の代表取締役社長兼CIO（投資責任者）として現在に至る。著書に『入門社債のすべて 発行プロセスから分析・投資手法と倒産時の対応まで』（ダイヤモンド社）、『日本のソブリンリスク 国債デフォルトリスクと投資戦略』（東洋経済新報社 共著）などがある。専門書ではない本は初。

お金以前

2023年2月13日　第１版第１刷発行
3月６日　第１版第２刷発行

著者　土屋 剛俊
発行者　村上 広樹
発行　株式会社日経BP
発売　株式会社日経BPマーケティング
〒105-8308　東京都港区虎ノ門4-3-12
https://bookplus.nikkei.com

ブックデザイン　矢部 あずさ（bitter design）
イラスト　妖次郎
校正　森本 公美子、加藤 義廣（小柳商店）
編集　中野 亜海
本文DTP　フォレスト
印刷・製本　中央精版印刷

本書籍に関するお問い合わせ、ご連絡は下記にて承ります。
https://nkbp.jp/booksQA

ISBN 978-4-296-00144-6 ©2023 Taketoshi Tsuchiya Printed in Japan